Louise Courteau

Dans la même collection :
– *À l'École des chats*, Michèle Bourton (parution avril 2021).

Co-édition Talma Studios Int. et Louise Courteau Inc.
ISBN : 978-1-913191-16-0
Dépôt légal : premier trimestre 2021

© Louise Courteau Inc. Tous droits réservés.

Talma Studios International Ltd.
Clifton House, Fitzwilliam St Lower,
Dublin 2 – Ireland
info@talmastudios.com
www.talmastudios.com

Jonathan Delay

AU-DELÀ DE L'IRRÉPARABLE
Une vie d'enfant de l'affaire d'Outreau

Louise Courteau

Je dédie ce livre à toutes les victimes de viol, de violence, de maltraitance, à celles qui ont trouvé la force de parler ou souffrent ou ont souffert en silence.

Avant-propos de l'éditeur

La parole des enfants victimes de l'affaire d'Outreau est rare.
De plus, comment est-il possible d'être encore de ce monde après avoir dû traverser une telle succession d'épreuves, qui semblait sans fin, jusqu'à ce que Jonathan en décide autrement ?
C'est pourquoi *Au-delà de l'irréparable* est un témoignage précieux, de ceux dont la lecture peut marquer une vie.

Patrick Pasin
Éditeur

Préface

À l'heure où de nombreux Français semblent découvrir, avec le livre de Camille Kouchner, que des viols d'enfants peuvent aussi se commettre dans les familles « bon chic-bon genre » et toucher jusqu'au gratin intellectuel, fortuné et politique, le témoignage de Jonathan Delay nous fait vivre avec intensité dans un tout autre monde (au quotidien abrutissant de misère, de brutalité et d'alcool) les incroyables difficultés qu'un enfant violé, martyrisé et humilié peut rencontrer pour s'en sortir après avoir été une des victimes des appétits sexuels déviants et des violences physiques et morales de ses parents et de leurs complices à Outreau il y a maintenant une vingtaine d'années.

S'il revient, au début de son livre, sur son vécu des procès de Saint-Omer, Paris et Rennes et écrit qu'il n'attendait rien de la vérité judiciaire et que, finalement, peu lui importe, car il sait, lui, ce qu'il a réellement subi et vécu, c'est à son trajet de renaissance qu'il consacre la plus grande partie de son témoignage.

Les abandons et rejets successifs vécus pendant son enfance et son adolescence de la part de ses parents, des familles d'accueil, des foyers éducatifs et des centres d'hébergement, la mise à la porte de toutes les structures sociales le jour de ses dix-huit ans, son errance dans les rues pendant plusieurs années et ses tentatives de suicide, mais aussi les rencontres avec des personnes ordinaires qui l'ont aidé à survivre, à vivre puis à renaître non plus sous la seule forme d'une victime mais sous celle d'un homme qui, à force de volonté repart après chaque chute et pas à pas vers l'horizon meilleur d'une vie libérée de ses souffrances indicibles.

Il termine son livre sur une inquiétude pour les autres enfants qui demain connaîtront la même enfance massacrée que la sienne, mais aussi par une respiration d'espoir puisqu'il affirme que s'il ne pourra jamais oublier son passé, il a désormais appris à vivre avec. Ce témoignage n'a, évidemment, pas de prétention littéraire, son auteur n'ayant pas eu la chance de faire de grandes études, mais il est sincère et poignant dans sa description d'une vingtaine d'années de vie cauchemardesque, conséquence directe des crimes commis à Outreau sur des enfants.

Michel Gasteau
Ancien Président de Cour d'assises

Prologue

Outreau n'est plus seulement le nom d'une petite ville du nord, de treize mille habitants, mais aussi celui d'un sordide dossier de pédophilie qui secoua la France dans les années 2000. Né le 23 mai 1994, j'ai alors presque six ans et vis au sein d'une fratrie de quatre garçons, dont je suis le troisième[1].

Ce livre est le récit de mon histoire au cœur de cette affaire, dont les conséquences me précipitèrent dans un abîme si profond, que je crus longtemps ne pouvoir en réchapper.

J'avais besoin de l'écrire pour plusieurs raisons. D'abord, me libérer, au moins en partie, de ce passé qui m'étouffait. Il me fallut six ans pour y parvenir. C'est dire si revenir sur ces évènements traumatiques fut éprouvant et l'introspection douloureuse. *Au-delà de l'irréparable* aurait même pu compter mille pages, tant il y a de choses que je garde encore en moi. Y compris l'insoutenable, que j'ai veillé à alléger au strict minimum, d'autant plus que ma vie après l'affaire n'est pas moins violente.

Ensuite, pourquoi le cacher, j'espère que les ventes me permettront de souffler financièrement, et il m'est émouvant aussi de penser que vous me lirez. Merci d'avance à vous.

Enfin, avoir pu mener ce projet est une chance dont tous les anciens mômes cabossés ne jouissent malheureusement pas. En osant me livrer et partager ce parcours de vie, je souhaite du fond du cœur contribuer à ce que de tels drames ne se reproduisent jamais plus. C'est un rêve ? Cela tombe bien : n'y a-t-il pas que les rêves qui valent d'être réalisés ?

Jonathan Delay

---

1. J'ai aussi trois demi-sœurs, mais nous n'avons jamais vécu ensemble, à part à l'occasion de quelques visites. Je les connais à peine, voire pas du tout.

Chapitre 1
La vie à la maison

D'interminables premières années
N'ayant quasiment pas de souvenir conscient de ce qui s'est passé avant mes cinq ans, comme sans doute la plupart d'entre nous, c'est donc à la fin du siècle dernier que je commence cette histoire. À l'époque, nous demeurons à la Tour du Renard, à Outreau, un quartier où règne la misère sociale. Le cinquième étage accueille notre semblant de famille. En effet, la vie en commun est habitée de violentes disputes conjugales, de fracas d'objets et de hurlements terrifiants. L'alcoolisme de mon père et ses coups rythment notre quotidien.

Aussi loin que je m'en souvienne, j'ai toujours subi la maltraitance de mes parents. Le plus souvent de la part de mon père. Mon carnet de santé prouve que j'ai été hospitalisé plus d'une dizaine de fois avant l'âge de deux ans, pour des maladies infantiles, certes, mais aussi des traumatismes, y compris crâniens. Suis-je tombé de mon berceau, au-dessus duquel aucune bonne fée ne semble s'être penchée ?

À deux ans, déjà suivi par les services sociaux, je suis placé dans une famille d'accueil pendant quelques mois, avant de retourner au domicile familial. Je n'en ai aucun souvenir. Cependant, vers l'âge de huit ans, je les rencontre par hasard, car ils se connaissent avec ma nouvelle famille d'accueil.

Je n'ai jamais vu de marque d'affection entre mes parents ni reçu de geste de tendresse – en tout cas, ils ne m'ont pas marqué. L'amour m'est alors une chose inconnue. Pas d'étreinte après un cauchemar, pas une main sur une joue rosie par les coups et mes pleurs, ni un sourire tendre et rassurant avant d'aller me coucher. Je ne mène pas la vie d'un petit garçon de cinq ans.

Avec mes frères, nous pouvons descendre jouer sur le parking. Loin de ce climat suffoquant, nous chérissons ces instants de tranquillité, jusqu'au moment où notre père ouvre la fenêtre du salon, nous intimant de rentrer pour le repas.

Le plus souvent, c'est lui qui nous prépare à manger, pendant que notre mère joue à la console de jeux ou roule des cigarettes pour la boulangère du quartier. Cela apporte un peu d'argent à la maison, car notre quotidien est précaire.

Notre alimentation n'est pas variée et peu appropriée. Ce sont presque toujours des pâtes au jambon trop cuites, accompagnées de sauce tomate, le tout concocté dans un seau habituellement utilisé pour le ménage. Certains diront lors des procès que nous sommes « carencés », il est difficile de leur donner tort. À peine sortis de table, nous redescendons. La négligence ou plutôt le désintérêt parental est tel que nous restons en bas parfois jusqu'à 1 h ou 2 h du matin. Dehors est notre abri. Nous pouvons même rentrer encore plus tard, la porte de l'appartement n'est jamais fermée à clé. Et personne ne s'inquiétera, abandonnés à notre sort que nous sommes.

Lorsque je réapparais à la maison, c'est avec la boule au ventre. La peur me submerge de la tête aux pieds. Je suis comme un petit animal craintif à l'affût du moindre mouvement brusque : mes parents vont-ils se battre pour un oui ou pour un non ? Mon père va-il se fabriquer une nouvelle excuse pour me « dérouiller » ? En effet, il saisit non seulement la moindre occasion pour nous battre, mais il la crée la plupart du temps, comme s'il en éprouvait le besoin ou le plaisir. Par instinct de survie, nous tentons d'être discrets, afin qu'ils oublient notre présence. Cela ne change pas grand-chose aux traitements que nous subissons.

Nous ne suffisons pas à mon père, alors il se doit d'effrayer le voisinage. Lorsqu'il est saoul, il descend sans raison donner des coups de pied dans la porte du voisin d'en dessous. De ma chambre, je peux entendre ma mère crier en vain pour qu'il cesse. La plupart du temps, elle ne s'oppose pas à ses crises, elle n'en a pas la force. Elle est en état de soumission face à son autorité et n'a pas son mot à dire. De toute façon, elle sera rouée de coups si elle lui tient tête. J'ai trop vécu ces scènes. Voir sa mère battue est insoutenable.

IOE[2] administrative

Il apparaît dans un rapport de la Direction de la protection judiciaire de la jeunesse au ministère de la Justice daté du 15 juin 1999 que mon père « a exercé de grandes violences sur Madame Delay qui n'a jamais porté plainte (coups, tentatives de strangulation ayant entraîné plusieurs hospitalisations) ». Sans doute est-ce l'une des raisons pour lesquelles nous faisons l'objet, un de mes frères et moi, d'une IOE. Celle me concernant débute le 26 novembre 1998, à l'âge de quatre ans et demi.

Ce rapport est très complet – il est même question du dossier de surendettement que viennent d'obtenir mes parents, ce qui génère « un bon assainissement de la situation » –, tellement complet que j'en apprendrai plus sur l'histoire de mes parents et de mes grands-parents par ce document que par eux.

Il dévoile aussi une infime partie de ce qui se passe dans notre « foyer familial » :

> Ne sont plus notés les jeux à connotations sexuelles (Monsieur Delay a effacé la collection importante de cassettes pornographiques qu'il possédait. Il a admis l'idée de la dangerosité de tels programmes pour les enfants, il lui est conseillé aujourd'hui d'avoir la même démarche pour les films d'horreur qui les perturbent – ex : Jonathan hurle d'effroi lorsqu'il voit une araignée à l'école).

---
2. IOE : Investigation aux fins d'orientation éducative.

Le paragraphe suivant de la page 13 me concerne directement. Il y est fait mention de mon intégration à l'école maternelle en 1997, où je suis « décrit serviable, gentil, participant bien à toutes les activités ». En revanche, l'année suivante est plus compliquée et la cause en est attribuée à l'agression sexuelle qu'a subie l'un de mes frères :

> Jonathan parle assez bien, mais adopte une attitude caractérielle : se roule par terre, se laisse tomber, se salit. Son institutrice dit avoir tout essayé avec lui, sans résultat. On vient de détecter chez Jonathan un problème auditif, Monsieur et Madame Delay doivent consulter un spécialiste. […]
> À la maison, il est particulièrement instable, touche à tout, se mettant toujours en position dangereuse (met des balles de ping-pong dans la bouche, s'empare de ciseaux, etc.).

Je reviendrai ci-dessous sur les causes de ce « problème auditif ». Un bilan psychologique complète ce document. En voici un extrait concernant ma mère :

> Si elle affirme aujourd'hui son désir d'assumer son « devoir de mère », c'est bien véritablement de devoir qu'il s'agit. Madame Delay ne semble pas avoir rencontré le plaisir d'être mère […].
> Malgré les parallèles qui ont été faits entre la relation de Madame à ses enfants, et sa relation à sa mère, il ne me semble pas que Madame Delay soit prête à se remémorer sa souffrance d'enfant et à faire le choix de l'éviter à ses propres enfants.

Il est manifeste, effectivement, que notre mère n'est pas prête à nous épargner des souffrances d'enfant. Aimable euphémisme pour une réalité déjà inimaginable. C'est donc sans surprise que le bilan me concernant est édifiant pour un garçon de mon âge :

> Jonathan n'investira jamais notre relation, il accepte avec réticence nos deux premières rencontres, puis finit par refuser les suivantes, en quittant la salle. À aucun moment il ne se « pose » ; très agité, tour à tour anxieux ou excité, il reste très attentif aux bruits du dehors, ne construisant rien dans l'espace de l'entretien.
> Il n'investit ni les dessins ni les jeux, ni le test projectif (CAT). C'est un enfant en errance, qui tente de remplir un vide interne en provoquant autour de lui une excitation (faire du bruit, se cogner, s'agiter, refuser pour faire réagir l'autre, qu'il sollicite essentiellement dans l'opposition).
> L'échange verbal est extrêmement pauvre et stéréotypé ; ses leitmotiv, questions auxquelles il n'attend pas de réponses (« Et où est mon père ? », et « C'est quoi ? », désignant tout ce qui l'entoure) lui permettent d'éviter l'établissement d'une relation autre, tout en se rassurant sur la continuité de l'attention dont il est l'objet.
> Jonathan ne peut s'appuyer sur des bases identitaires suffisantes. L'espace psychique interne est très mal constitué et l'enfant ne dispose d'aucun pare-excitation lui permettant de recevoir et de « digérer » les stimulations qui lui proviennent, tant de l'intérieur que de son environnement externe. Il ne dispose pratiquement que du recours à l'agir pour dire ses excitations et se sentir vivant.
> Un gros travail de structuration psychique est nécessaire chez cet enfant, qui n'est pas actuellement en mesure d'accéder et d'investir l'univers de la mentalisation. […].

Enfin, il est à noter que Jonathan trouve dans le déshabillage et le maniement des poupées une source d'excitation massive (arrachage des vêtements et cris « cul-cul, zizi ») qu'il ne peut gérer. Cette attitude peut-elle s'expliquer par les attouchements sexuels dont il aurait fait l'objet de la part de [...], et/ou par la présence au domicile de cassettes pornographiques, ou bien y a-t-il lieu d'envisager une autre forme d'atteinte sexuelle chez ce petit garçon ? Il semble que le processus développemental *stricto sensu* (questions sur la différence des sexes, communes à tous les enfants de son âge) ne suffise pas à justifier une telle excitation.

La prise en charge psychologique de Jonathan doit également lui permettre d'élaborer ce qui a fait effraction chez lui dans la constitution de sa sexualité infantile.

Il est difficile de conclure que je corresponds au profil d'un enfant de cinq ans, notamment sur le plan sexuel. Sans doute y a-t-il des raisons.

Violence sans limite
Mon père collectionne, entre autres, les... ossements humains. Ce sont les vestiges d'une vie passée dont il est fier et qu'il expose volontiers à la vue de tous. Il fut d'ailleurs poursuivi en justice sans être condamné pour avoir dérobé ces restes dans des fosses communes lors d'un stage au service archéologique de Boulogne-sur-Mer – cela se produisit avant ma naissance, mais la police retrouvera encore des crânes lors d'une future perquisition. Un jour, poussé à bout par ma mère, je brise involontairement la vitre du meuble qui exhibe ses précieux trophées. Prenant conscience d'avoir commis l'irréparable, je cours me cacher sous le lit. Elle me pourchasse avec un manche à balai. Tout en me cognant, elle

récite ce mantra que je connais par cœur : « Attends la raclée que tu vas te prendre quand ton père rentrera. »

S'il y a bien une chose qui caractérise ce duo infernal, c'est la terreur qu'ils entretiennent. Ce soir-là, les coups sont si intenses que mon visage vire au bleu, ou au mauve. Paniquée, ma mère n'a d'autre choix que de m'emmener consulter un médecin. Aux interrogations suspicieuses, elle répond par deux ou trois pirouettes, prétextant une chute dans les escaliers. Mes parents ne seront pas inquiétés.

De même, je me souviendrai toujours d'un samedi où mes frères et moi nous coursons les uns après les autres autour de la table du salon, sur laquelle notre père assemble un puzzle. J'ai un peu plus de cinq ans. En passant trop près de lui, j'ai le malheur de faire tomber l'une des pièces de son jeu. Saisi par une rage incontrôlable, il se met à vociférer avant de me lancer une chaise au visage. Je hurle de douleur et me retrouve avec l'arcade sourcilière ouverte et la lèvre supérieure tranchée. Une fois de plus, ma mère doit me conduire aux urgences. Je ne me souviens pas d'ailleurs que mon père m'ait jamais emmené à l'hôpital, malgré le quasi-abonnement que j'y avais souscrit. Plus de vingt ans plus tard, je porte encore les stigmates de son jeu.

Lorsque l'urgentiste m'examine, il me pose des questions. La peur au ventre, je lui explique m'être cogné la tête sur le coin de la table en bois. Incrédule, il sort de la pièce pour s'entretenir avec ma mère. Je ne peux entendre ce qu'ils se disent, mais je me souviens de l'anxiété qui la saisit, son visage devenant blafard.

Après avoir récupéré l'ordonnance du médecin pour les anti-douleurs, nous montons dans un taxi. Elle ne m'adresse pas la parole de tout le trajet. Est-elle inquiète de l'échange qu'elle vient d'avoir avec le médecin ?

En arrivant, mon père s'empresse de nous demander si j'ai raconté ce qui s'est produit. Vu l'expression de son visage, il est préférable que je n'en aie pas parlé. De toute façon, je sais pertinemment ce qui m'attend si j'avais osé en révéler la cause. Il doit faire attention, lui conseille ma mère, car le médecin se pose des questions. Il ne prend ni la peine de répondre, ni de s'excuser. Après tout, n'est-ce pas de ma faute, puisque j'ai fait tomber sa pièce de puzzle ?

J'ai écrit ci-dessus que, en général, on ne se souvient pas de ce qui s'est passé avant cinq ans. Cependant, je conserve un souvenir autour de l'âge de deux ans, il est particulièrement violent. Peut-être est-ce pour cette raison qu'il m'a marqué ? C'est l'après-midi, je joue dans le salon – sans doute, mes frères et moi faisons alors trop de bruit pour mon père. Je ne l'entends pas arriver par derrière, je ressens juste une douleur insoutenable me traverser la tête – je la perçois encore. Il vient de me transpercer l'oreille avec un stylo ou un tournevis... Je n'ai jamais compris pourquoi ce geste, qui deviendra irréparable. En effet, il faudra attendre mon placement en famille d'accueil pour que l'école remarque un problème d'audition. Le médecin ORL diagnostique une cophose complète, c'est-à-dire la surdité, de l'oreille gauche. On tente de me poser un appareil auditif, mais il est trop tard. Traitée à temps, il aurait été possible de préserver mon système auditif, mais, désormais, je n'entendrai que d'un seul côté, car ce tympan est perdu.

Rideau sur ma première vie
Mon père est la caricature du patriarche macho impulsif contrôlant les moindres faits et gestes sous son toit. Tout l'argent de la famille est celé au fond de son portefeuille. Il ne s'en sépare jamais. À l'époque, mes parents ne travaillent pas et ma mère n'a pas accès à la maigre bourse familiale.

Les conditions dans lesquelles mes frères et moi vivons sont intenables. Le sentiment de crainte, de peur et d'abandon est lourd à supporter. Néanmoins, ne connaissant rien d'autre que ce quotidien brutal et étouffant, je pense alors que tous les enfants vivent des évènements similaires aux nôtres, que c'est la normalité.

En ce 25 février 2000, l'ambiance n'est particulièrement pas au beau fixe. Elle se détériore encore lorsque mon père demande à l'un de mes frères d'aller lui acheter des bières à la supérette du quartier et que, pour une fois, ma mère s'y oppose. Et la dispute éclate. Elle ne veut plus qu'il boive, ils se sont déjà disputés sur le sujet, mais là, c'est la goutte de trop. Elle finit par capituler face à ses menaces, mais inquiète de ce qui peut se passer, elle suit mon frère dans les escaliers, avec un plan en tête.

Au bout d'un moment, le maître de nos vies comprend que quelque chose retient ses bières en bas de l'immeuble. Fou de rage, il se met à hurler depuis la cage d'escalier. Il ordonne à ma mère que les bouteilles lui soient montées illico, sinon il jettera nos affaires par la fenêtre. Et peut-être nous avec ?

Il se précipite vers ma chambre et ouvre la fenêtre d'un air déterminé. Sous mes yeux apeurés, chacun de nos effets personnels s'écrase sur le macadam du parking. Même le piano électrique y passe, pourtant d'un poids certain. Pendant ce temps, je tremble dans le canapé, ma console de jeux entre les mains. Je suis seul avec un père qui semble pris de démence.

Subitement, il se rappelle ma présence et m'arrache le jeu des mains pour le faire plonger dans l'au-delà de la fenêtre. Je ne peux retenir mes larmes. Il me promet de me faire suivre le même chemin si je ne cesse mes pleurs immédiatement.

Ne supportant plus longtemps d'être privé de ses bières, il crie à ma mère qu'il va aussi me jeter sur le parking. Joignant le geste à la parole, il m'empoigne et m'emporte vers le balcon du salon, où il me soulève et me tient au-dessus du vide. Je ne peux décrire la peur qui me saisit. Mes frères, qui assistent d'en bas à la scène, en seront marqués aussi. Je réussis à m'agripper à la rambarde, jusqu'à ce que quelqu'un vienne à ma rescousse. Me laissant ainsi suspendu, mon père rentre dans l'appartement, boit sa dernière bière, prend sa matraque et se lance à la chasse de ma mère et de mes frères. Du balcon, je les regarde prendre la fuite. Je suis tellement sous le choc que je ne sais plus qui vient me sauver. J'ai le souvenir de ma marraine dans l'appartement – probablement est-ce elle ? –, qui est notre voisine à l'étage en dessous. Nous entendons des sirènes de police. Elle m'entraîne chez elle, où nous demeurons à l'abri derrière la porte d'entrée.

J'entends des pas pressés monter l'escalier. Après quelques minutes de silence, nous sortons et remontons. Des policiers sont postés là, l'arme à la main. Dès qu'ils m'aperçoivent, ils la rangent. Ma marraine leur explique que je suis l'un des enfants Delay.

« Où est ton père ? » me demandent-ils. Je n'en ai aucune idée. Il a pris la fuite après cette dispute de trop, qui marque le début d'une autre vie.

La patrouille repart et je redescends avec ma marraine. Ma mère nous rejoint avec mes frères. Les deux femmes discutent un moment, avant que nous ne remontions chez nous. Inquiète pour notre sécurité, ma mère nous annonce qu'elle a contacté un service spécialisé s'occupant de placer des enfants. Un changement temporaire. Le temps que papa se « soigne ». Elle oublie de mentionner sa contribution aux sévices qui nous sont infligés quotidiennement. Place désormais à notre nouvelle vie.

Chapitre 2
En famille d'accueil

Havre de paix ?

Ma vie en famille d'accueil commence ce 25 février 2000, à l'âge de cinq ans et demi. Après les péripéties de la journée, deux assistantes sociales me conduisent chez Monsieur et Madame Martin (nom d'emprunt[3]). Déjà fortement perturbé, je me demande pourquoi je suis ici et qui sont ces personnes. Certes, je suis délivré de mon père, mais je reste craintif et perdu, déraciné de ce que je connais jusqu'alors. Et où sont mes frères ? Et ma mère ? Même si la violence ne permet pas l'épanouissement, un enfant s'attache à son environnement. Être arraché du peu que je connais m'angoisse. D'une certaine façon, l'équipe sociale participe à cette chorégraphie de la perdition : je suis l'urgence de la soirée, le colis livré en dix minutes chrono. Mais aussi le contrat de plus pour une famille dont le métier est de vivre de vies tourmentées.

Plus de vingt ans plus tard, je me souviens encore de mon arrivée, même du décor. Afin de signer les papiers, Mme Martin m'invite à aller jouer dans la pièce à côté avec Julie (nom d'emprunt), petite fille de cinq ans résidant dans la maison. Quelques minutes plus tard, les formalités sont réglées. Me voici placé dans une famille qui n'est pas la mienne. Un instant marqué au fer rouge dans les méandres de ma mémoire.

Ma première question à cette maman à durée déterminée est la date de retour dans ma vraie famille. Le plus naturellement du monde, elle me répond : « Quand tes parents iront mieux. » Je ne suis donc pas abandonné, il y a même de l'espoir.

---

3. La plupart des personnes citées dans ce livre auront un nom d'emprunt, principalement pour protéger leur tranquillité. De plus, quoi qu'il se soit passé, ce livre ne vise pas à régler des comptes.

Elle me présente ensuite aux autres membres de la maisonnée. Une petite chambre m'attend, pour ce qui ne doit durer que quelques mois.

C'est l'heure du repas. À peine assis, je me rue sur mon assiette, m'empiffrant avec les doigts – je revois encore la scène et me souviens qu'il s'agissait de spaghettis à la bolognaise. Stupéfaite, Mme Martin me demande pourquoi je n'utilise pas les couverts. Ma réponse fuse : « À quoi ça sert ? » Gentiment, elle me montre comment les tenir et manger proprement. J'ai manifestement toute une éducation à reprendre.

Connus du service

Plus tard dans la soirée, elle souhaite savoir si je connais les raisons de ma présence chez eux. Elle ne sait de mon histoire que ce qui lui a été rapporté par les assistantes sociales, qui le tiennent de... ma mère. C'est-à-dire quasiment rien.

Voici comment nous sommes amenés par les services de l'aide sociale à l'enfance : les informations sont tronquées, minimisées, l'essentiel est passé sous silence.

Pourtant, nous avons vu ci-dessus que mes parents sont connus des services de la protection de l'enfance depuis 1999 et les mesures d'IOE, mais la « relation » est encore plus ancienne, puisqu'elle remonte à deux ans avant ma naissance, c'est-à-dire huit ans en ce 25 février 2000. Ce que confirme le rapport de situation établi par l'Utass[4] le 25 juillet 2000, un peu plus de trois mois après mon placement chez les Martin :

---

4. Utass = Unité territoriale d'action sanitaire et sociale d'Outreau (service du Conseil général).

Monsieur et Madame Delay sont connus du service depuis février 1992, date du placement de [l'un de mes frères].[5] Le couple a toujours eu beaucoup de difficultés à assumer son rôle de parents, mettant en avant les problèmes psychologiques de chacun, liés à leur enfance particulièrement douloureuse et leurs premières années de vie d'adulte.

[...] Monsieur et Madame Delay ont resollicité régulièrement les différents intervenants sociaux pour être soulagés dans la prise en charge de leurs enfants. Étaient évoqués la turbulence des enfants, les problèmes psychologiques et la fatigue des parents, les conflits assortis de violence du couple, l'alcoolisation de Monsieur Delay père et la fuite de la maison de Madame Delay.

Cet état de fait a abouti à une situation de crise tellement aiguë en février 2000 que les enfants ont été placés à la demande expresse de Madame Delay. Elle signalait une situation de grand danger due à la violence de Monsieur Delay, qui nécessitait de mettre les enfants à l'abri.

Après le premier repas de ma vie avec des couverts et le récit à Mme Martin de cette journée qui me marquera à jamais, vient l'heure de la douche. Je me déshabille. Elle ne peut que remarquer les hématomes dans le dos et sur les quatre membres. Elle me demande qui en est l'auteur. « Je suis tombé en jouant avec mes frères. » Elle me fixe silencieusement et je finis par avouer. Je lui raconte comment mon père arrache les lattes du lit de mon frère pour me battre, le plus souvent lorsqu'il est saoul, c'est-à-dire tous les jours. Ce n'est pas tout, ainsi que le signale le rapport de l'Utass :

---

5. Lorsqu'un de mes frères est directement cité, j'utiliserai le terme « [Frère] », car je considère qu'il lui appartient de raconter, s'il le souhaite ou ne l'a pas encore fait, ce qui le concerne personnellement.

> Jonathan s'est plaint de coups portés par son père sur la plante des pieds « papa me dit d'enlever mes chaussures et il me frappe avec le bâton du papier d'aluminium qu'il range ensuite dans le tiroir ».

Après la douche, je descends au salon. M. Martin me propose de regarder ensemble un match de football à la télévision.

J'ai besoin de temps pour m'habituer à ce chamboulement. Au début, même lorsque Mme Martin me tend les bras pour un simple câlin, je suis réticent. Je n'ai pas l'habitude des marques d'affection et m'en méfie, car je me demande quelle sera la monnaie d'échange. Néanmoins :

> Jonathan est un enfant qui évolue sans problème particulier dans sa famille d'accueil. Il s'y sent en sécurité et en confiance, ce qui lui a permis, en quelques jours, de venir à bout d'une énurésie nocturne. […]
> Jonathan a terminé une section de maternelle « grands » à l'école d'Outreau. Il est décrit comme un enfant intelligent mais assez agité. Il a plus de mal à trouver des repères dans le cadre d'un groupe. Il intégrera le CP en septembre 2000.

Je vais de mieux en mieux. Pas encore suffisamment pour oser raconter l'insoupçonnable.

Chapitre 3
Le temps des visites

Lorsque nous sommes placés en famille d'accueil, il est prévu une visite médicale. Elle a lieu dès le 29 février. Le médecin ne peut que constater lui aussi les ecchymoses « multiples au niveau de la région dorsale et des quatre membres », ainsi qu'en atteste son certificat. La lettre de l'Utass du 28 mars relate que j'ai pu « expliquer que c'est papa qui [m']avait fait cela, ajoutant qu[e je] n'avais pas le droit de le dire ». Cela génère d'ailleurs un problème lors d'une visite avec nos parents dans le cadre de l'Utass, qui l'expose ainsi dans le même courrier :

> Jonathan a, depuis, à plusieurs reprises, raconté les faits de la même façon et a fini par dire à ses parents, lors de la dernière visite au service, que le médecin avait vu les bleus que Papa lui avait fait avec un bâton. Ceci a déclenché une réaction extrêmement violente de la part de Madame Delay, qui n'a pas supporté que son mari soit ainsi mis en cause.
> Monsieur Delay a, pour sa part, nié les faits, mais est resté relativement calme.
> Jonathan n'est pas pour autant revenu sur ses dires [...].
> [Frère] s'est montré complètement paniqué, s'est réfugié en pleurs dans les toilettes, disant : « Jonathan n'avait pas le droit de le dire, Papa va être très fâché contre lui. » [...]
> Monsieur et Madame Delay ont un comportement parfois agressif depuis le placement des enfants.

La note se termine par le constat que ma mère est « maintenant gênée de cet état de fait vis-à-vis de son mari et refuse la réalité des événements qui ont amené le placement ».

J'ai donc commencé à parler. Cela ne peut qu'alarmer mes parents, au minimum ma mère, car Dieu sait ce que je vais raconter d'autre. À moins que ce soit par un amour nouvellement éclos, nos parents demandent dans les jours qui suivent à ce que nous réintégrions le domicile familial. Les assistantes sociales en avisent le juge des enfants et, après l'audience du 3 avril 2000, des hébergements sont mis en place chaque week-end à compter du 8 avril.

Un mois plus tard, le 4 mai, l'Utass signale ceci au Conseil général :

> Jonathan est rentré très perturbé du week-end du 29 avril au 1er mai. Il raconte que « maman était très fatiguée, que les trois enfants étaient, à un certain moment, enfermés (avec un verrou) dans la chambre, qu'ils ont joué avec les rideaux, que la barre à rideaux est tombée, que papa est arrivé furieux et qu'il a tapé avec cette barre sur les jambes de [Frère] et de Jonathan ».
>
> Papa a dit « de ne pas raconter aux « tatas » parce qu'elles vont le dire à Madame J. et que nous ne pourrions plus aller chez eux ».

Il est vrai qu'au retour de ce fameux week-end, mon attitude étonne ma famille d'accueil, car je ne raconte rien de ce qui s'est passé. Inquiète de mon silence, Mme Martin me demande si quelque chose ne va pas. Je lui réponds que mon père nous a menacés que nous ne le verrons plus jamais si nous parlons. Elle m'affirme qu'il est en train de se soigner et que tout ira désormais pour le mieux. « Oui... mais j'ai peur de lui », ai-je à peine la force de murmurer.

Selon une note de l'Utass du 25 mai :

Apparemment, le week-end du 9 mai 2000 s'est mieux déroulé.

Sauf qu'à celui d'après, mon père questionne un de mes frères à propos de ce qu'il a dit exactement à l'assistante maternelle au sujet des coups de bâton. Hésitant, il finit par avouer sous la pression.
Hors de lui et incapable de se maîtriser, notre père perfectionne encore sur nous son art du maniement du rouleau rigide de papier d'aluminium. La douleur est à hurler. Sans doute mon cadeau d'anniversaire, que pourtant mes parents fêtent en ayant préparé un repas et un gâteau, dont je me souviens encore, car c'est un gâteau Télétubbies, la série télévisée à la mode à l'époque.
Dans le même courrier, l'Utass constate :

> Les dires des enfants coïncident. Jonathan a toujours dit les choses et [Frère] maintenant s'autorise aussi à parler. Ils sont contents d'aller chez papa et maman, mais précisent que « si c'est pour se faire frapper, ce n'est plus la peine ».

Nous commençons à alerter les adultes en charge de notre protection. De plus, il y a les traces de coups pour corroborer nos propos. Néanmoins, l'Utass réagit en excusant nos parents :

> Monsieur et Madame Delay semblent dépassés par le comportement des enfants qui sont très turbulents et ont beaucoup de mal à obéir. Ils n'arrivent pas à mettre des limites et Monsieur Delay explose.

C'est notre faute si notre père nous bat comme plâtre. Heureusement, l'Utass a la solution :

> Des conseils pour canaliser l'énergie des enfants sont donnés à Monsieur et Madame Delay, ainsi que d'autres punitions que de les battre.

Avec les antécédents de mon père, il n'y a aucun doute, cela ne peut que fonctionner... Ce doit même être tellement efficace que nos parents obtiennent du juge des enfants à l'audience de septembre 2000 que les retours en famille s'effectuent non seulement le week-end, mais aussi le mercredi. Sauf que voici ce que l'Utass constate le 10 novembre, moins de deux mois plus tard :

> Ces hébergements se sont, en général, mal passés, les enfants se plaignent toujours de la violence de leur père et des conflits incessants du couple. Madame Delay s'est autorisée petit à petit à reconnaître que ces temps vécus avec ses enfants ne se déroulaient pas bien. Elle s'est d'abord confiée aux assistantes maternelles, reconnaissant que la violence de Monsieur Delay était bien réelle et qu'il ne supportait pas la présence des enfants même sur un temps limité. Madame Delay a réalisé que ses enfants ne mentaient pas quand ils affirmaient que papa les frappait quand elle s'absentait. Elle a aussi pu prendre conscience que le fait que Monsieur Delay ne s'alcoolise plus n'avait pas arrêté ses réactions violentes. [...]
> Elle justifiait sa demande en affirmant que les enfants étaient en danger en présence de Monsieur Delay qui était, pour l'instant, incapable de se maîtriser en leur présence.

En effet, il peut passer à la violence extrême en une fraction de seconde. Les coups qu'il nous porte sans crier gare sont assénés avec n'importe quel objet se trouvant à sa portée : chaise, latte, matraque...

Je me suis souvent demandé quelles forces obscures le poussaient à agir de la sorte avec nous, ses fils. Même s'il peut être difficile pour un enfant de faire la différence entre le bien et le mal, je n'arrive pas à comprendre, d'autant plus que, vivant désormais en famille d'accueil, je sais que cette situation est anormale. Je me souviens m'être sans cesse demandé quand ce calvaire prendrait fin et si nous aurions un jour une vie de famille simple. Néanmoins, je reste persuadé que la situation s'arrangera.

Tout est mis en œuvre pour que les visites se déroulent dans les meilleures conditions possibles. Malheureusement, les coups continuent de pleuvoir.

Ce qui complique la situation est que ma mère semble tiraillée entre deux possibilités : d'une part, son envie de nous protéger en témoignant que nous sommes en danger en présence de notre père, d'autre part, son besoin de le défendre lorsque les sévices que nous subissons sont exposés aux assistants sociaux et aux médecins. Bien qu'elle soit à l'origine de la demande de placement, puisque c'est elle qui a, à plusieurs reprises, alerté les services sociaux sur le danger permanent que représente notre père, elle en arrive par la suite à nier toute réalité des événements qui ont conduit à notre placement. Sans doute parce qu'elle sait que le pire est à venir pour eux, maintenant que nous commençons à nous libérer de leur emprise.

Aujourd'hui encore, je m'interroge pourquoi, malgré tous les rapports des services sociaux et les observations signalées par les familles d'accueil, les visites chez mes parents ne furent jamais interrompues. Pourtant, la violence de mon père y figure expressément et ma mère fut toujours explicite lorsqu'elle sollicitait les services sociaux. Pourquoi ces derniers ne prirent-ils jamais la décision de nous mettre définitivement à l'abri ? Pire encore, pourquoi répondirent-ils favorablement lorsque ma mère demanda à ce que nous revenions plus souvent au domicile familial ? Il n'y avait donc rien d'alarmant aux yeux du Conseil général ? Quelqu'un lit-il les rapports à la protection de l'enfance ?

Les violences physiques n'étaient, malheureusement, pas les seuls sévices que nous subissions. Et j'allais, petit à petit, raconté à ma famille d'accueil des faits qui dépassaient tout ce qu'ils pouvaient imaginer.

Chapitre 4
Le temps des révélations

Dessins animés très animés
Les visites me devenant de plus en plus pénibles, je suis soulagé dès que je repars. Cela s'en ressent inévitablement dans mon comportement. Ma famille d'accueil alerte d'ailleurs l'assistante sociale que j'ai beaucoup de mal à dormir. Il m'arrive parfois de me lever, de parler tout seul et de produire des sons étranges pendant mon sommeil ; il est même question de somnambulisme. Il leur est donc conseillé de m'emmener consulter un psychologue pour tenter de comprendre ce qui cloche.

Lors du rendez-vous, il me pose de nombreuses questions et me fait dessiner. Jusque-là, tout va bien. Dès qu'il commence à évoquer mes parents, je me referme.

Même si ces séances ne sont pas toujours agréables, cela me fait du bien de pouvoir parler avec quelqu'un m'inspirant confiance. Progressivement, je peux m'apaiser. Au fur et à mesure de ses questions, je me convaincs que tout ce que j'ai vécu jusqu'alors n'est pas normal.

Même si j'en suis encore loin, peut-être pourrai-je bientôt laisser de côté ma peur pour enfin raconter ce qui se passe vraiment ? Un « incident », qui se produit peu de temps après mon arrivée, met toutefois la puce à l'oreille de Mme Martin. Elle me propose gentiment de regarder une cassette de dessins animés, en me suggérant de choisir dans le carton. Rien ne m'intéresse, alors je lui demande si elle a des... cassettes X. C'est improbable dans la bouche d'un enfant de six ans, c'est pourtant ma question.

Elle me regarde bouche bée et, pour être sûre d'avoir bien compris, me fait répéter. Je m'exécute sans hésitation, puisque nous regardons cette forme de « dessins animés » à la maison, avec mon père et ma mère.

Choquée, il lui faut un moment pour réagir à ce qu'elle vient d'entendre. Elle part rejoindre son mari au premier étage. Après un conciliabule, ils redescendent pour m'interroger. Dans ma tête d'enfant, je vis leurs questions comme des reproches, alors je me referme et retourne jouer dans ma chambre. Je ne peux évidemment pas comprendre la portée de mes propos et je refuse désormais de répondre à toute question sur le sujet. Le temps n'est pas encore venu de me confier, d'autant plus que les visites au domicile parental ne sont toujours pas interrompues.

Lorsque ce sera le cas, donc que je me sentirai enfin en sécurité, je pourrai commencer à parler. D'ici-là, mon mutisme inquiétera ma famille d'accueil. Je me souviens d'ailleurs que Mme Martin essaie de me rassurer, en me disant que si j'ai des choses à raconter, elle sera toujours là pour m'écouter.

Premières révélations

En novembre 2000, ma mère annule l'hébergement prévu pour les vacances de la Toussaint. Elle demande même que les rencontres se fassent exclusivement dans le cadre de l'Utass et que nous ne venions plus en week-end. Elle la justifie par le danger que continue de représenter notre père.

Voici le commentaire de l'Utass dans sa note du 10 novembre :

> Nous pensons qu'il est possible de répondre favorablement à cette demande. Madame Delay s'est engagée à nous faire part des difficultés qui pourraient de nouveau se poser et les enfants se sentent maintenant autorisés à raconter aux assistantes maternelles ce qu'il s'est passé.

Effectivement, la diminution de la peur des représailles commence à libérer notre parole. En conséquence, c'est moins de trois semaines plus tard qu'est rédigée une nouvelle note :

> Depuis quelque temps, les assistantes maternelles, ainsi que la maman, nous avaient alertés sur des attitudes particulières des enfants. À l'école, [Frère] mettait ses crayons dans son derrière, les faisant ensuite sentir aux personnes présentes. Jonathan faisait de même avec ses doigts. Madame Delay racontait qu'ils le faisaient aussi à la maison.
> [Mme Martin], essayant de comprendre le pourquoi de ce geste, a permis à l'enfant de raconter que, lorsqu'il dormait à la maison, il mettait son sexe dans le derrière de [Frère] et que celui-ci faisait de même. [...]
> Jonathan a confirmé qu'ils avaient vu ensemble le film porno et que papa et maman avaient fait l'amour devant eux. Il n'a, par contre, pas donné de détails, ne supportant pas que [Frère] le fasse.

Nous évoquons aussi les films d'horreur que nous sommes obligés de regarder, et notre père qui se déguise la nuit pour nous faire peur. Difficile d'avoir le sommeil apaisé.
Ma mère ayant demandé la suspension des hébergements, l'Utass constate :

> Le couple est de plus en plus fuyant, il n'honore pas les rendez-vous fixés. Nous n'avons, à ce jour, malgré nos nombreuses sollicitations, pas réussi à rencontrer Monsieur Delay pour avoir son avis sur le déroulement des sorties des enfants. [...]
> Pour le moment, le couple ne souhaite plus d'hébergement, ce qui protège les enfants, tant du contexte de violence (cf.

note du 10.11.2000) que du climat particulier dans lequel ils semblent évoluer.

Le service signale que nous sommes plus calmes, moins perturbés, tant en famille d'accueil qu'à l'école, depuis que les visites sont de plus en plus espacées. En conclusion :

> Tous ces éléments nous amènent à penser que le droit d'hébergement, qui peut être remis en place à tout moment à la demande des parents, met les enfants en danger.

À la lecture de ce rapport, le Conseil général agit sans délai et saisit le procureur de la République le 5 décembre pour les motifs suivants :

> Au vu des éléments de ce rapport, et compte tenu des révélations des enfants concernant de possibles agressions sexuelles commises par les parents, une enquête judiciaire me paraît nécessaire.
> Je demande également ce jour une suppression du droit d'hébergement des parents à Monsieur le Juge des Enfants.

Je continue de raconter et Mme Martin contacte l'Utass, qui rédige le 8 décembre la note suivante :

> [Mme Martin], assistante maternelle de Jonathan, nous a contactés ce vendredi 8 décembre pour nous faire part de nouvelles révélations de Jonathan concernant ce qui se passait au sein de sa famille.
> « Tu sais tata, c'était vrai ce que disait [Frère] (lors de notre première entrevue, Jonathan avait été très mal à l'aise disant qu'il avait bien vu des films pornos avec ses parents et ses

frères, mais qu'il ne s'était rien passé d'autre). La nuit, papa me rejoint dans mon lit, il me caresse les cheveux, le ventre, les fesses, mon zizi. Il me suce aussi mon zizi. Maman le sait, elle le regarde. Je l'ai pas dit avant, parce que je croyais que c'était pas bien, j'avais peur de me faire disputer. »

Puis Mme Martin retourne à l'Utass trois jours plus tard :

« Papa me mettait le zizi dans mes fesses. Cela faisait mal parce que papa avait un gros sexe. [...] Maman, elle a filmé papa en train de nous faire ça, moi je l'ai vu dans le petit carré. Papa, il met son zizi dans ma bouche, même que je peux pas parler tellement qu'il est gros. »

Police et complices
Le 15 janvier 2001, Mme Martin est entendue par le capitaine de police Didier Wallet à Boulogne-sur-Mer. Elle relate tout ce que je lui ai révélé, d'autant plus que j'ai continué après le 11 décembre. En complément de son audition, elle remet d'ailleurs une feuille où elle a noté mes propos au fur et à mesure. Voici ce qu'elle déclare :

[...] Jonathan m'a dit également que des hommes venaient et qu'ils faisaient l'amour avec ses parents, [Frère] et lui-même. [...]

Jonathan a ajouté qu'un nommé [X][6] fait l'amour avec sa mère [...].

Jonathan a également vu [X] mettre son zizi dans les fesses de son père et qu'il fait beaucoup de bruit comme en faisant l'amour avec sa mère.

---

6. L'affaire d'Outreau étant close sur le plan judiciaire, je ne citerai les noms que pour les quatre condamnés. En revanche, si la désignation [X] apparaît plusieurs fois dans un procès-verbal, il s'agit de la même personne, mais pas automatiquement dans le procès-verbal suivant.

Il dit également que [X] a mis son zizi dans son derrière et sa bouche, que cela lui a fait du mal et qu'il avait du sang dans son derrière.

Il m'a dit que sa mère l'avait emmené ensuite à l'hôpital.

Jonathan m'a parlé de plusieurs hommes et femmes dans le canapé. Il parle d'un nommé Delplanque qui lui faisait des manières[7] et qui lui a mis son zizi dans la bouche et son derrière. [...]

Il m'a parlé également d'enfants qui accompagnaient les adultes. Il ne peut donner de nom. Il m'a dit que Delplanque prénommé David était accompagné d'une femme Aurélie. [...]

Je tiens à ajouter que tout ce que Jonathan disait, il l'accompagnait de gestes. [...].

Remarques : D'autres sévices sont mentionnés dans le procès-verbal, notamment avec des objets, mais je préfère ne pas les répéter, ceux déjà cités suffisent amplement à saisir la situation.
Quant aux enfants, j'ai enlevé les passages lorsqu'ils peuvent être identifiés, comme c'est le cas ici à un moment de l'audition. Je n'ai donc gardé que les phrases se rapportant à ceux que je ne connais pas.

La police s'adresse ensuite à un médecin spécialiste en gynécologie-obstétrique, expert près la Cour d'appel de Douai, dont

La mission était de pratiquer un examen génital, l'enfant étant suspect d'agressions sexuelles répétées, en l'espèce de sodomie.

---

7. C'est l'expression que nous utilisons pour « relations sexuelles ».

Voici la conclusion :

> L'examen génital de l'enfant Jonathan Delay n'a pas permis de retenir de séquelle d'agression sexuelle ; on ne peut cependant exclure une sodomie répétée puisque le tonus sphinctérien anal est légèrement amoindri, les faits datant cependant de plus d'une année.

À la mi-février surgit de nouveau la question des droits de visite. Ils ont été suspendus provisoirement pour quinze jours à partir du 15 janvier, mais ma mère en sollicite de nouveau la possibilité. L'Utass demande à sa hiérarchie de prolonger la suspension des droits de visite et d'hébergement. En effet :

> Les enfants sont très perturbés à l'idée de revoir leurs parents après leurs révélations. Les assistantes maternelles sont aussi très mal à l'aise dans cette situation et craignent d'avoir des appels téléphoniques, ou même la visite des parents. C'est un climat d'insécurité pour tous.
> [Mme Martin], assistante maternelle de Jonathan, habitant dans la même commune que les parents, nous dit être toujours dans la crainte et évite de trop se promener sur le secteur.
> Il ne nous est pas possible de connaître les réactions de Monsieur et Madame Delay si cette situation se prolonge.

Cela en dit long sur la peur que mes parents peuvent inspirer. Rétrospectivement, j'en viens même à me demander comment nous avons pu nous décider à parler si tôt.
La décision répond à la demande de l'Utass, donc la suspension du droit de visite est maintenue. Il est même ajouté une mention manuscrite :

Il est urgent que les parents soient entendus dans le cadre de l'enquête.

On ne peut qu'être d'accord.

Premières en commissariat
En attendant, c'est moi qui suis auditionné le 23 janvier 2001, par le capitaine Wallet – il a entendu Mme Martin la semaine précédente –, et un brigadier s'occupe de l'enregistrement. J'ai un peu plus de six ans et demi. C'est une première qui sera suivie de plusieurs autres. L'audition est filmée et dure vingt minutes, de 14 h 35 à 14 h 55. Le procès-verbal mentionne à propos de moi qu'« il s'agit d'un enfant spontané, très à l'aise dans nos locaux ». Je n'en ai pas gardé de souvenir, si ce n'est l'impression que c'était plutôt traumatisant.

Je raconte les mêmes scènes qu'à Mme Martin, et j'indique que cela se produisait aussi pendant les visites. En plus des personnes que j'ai déjà citées, d'autres noms me sont proposés. Je ne les connais pas pour la plupart. J'en disculpe deux, qui venaient à la maison, mais ne nous touchaient pas.

La deuxième audition intervient un mois et demi plus tard, le 7 mars. Elle fait suite « à l'exécution de la commission rogatoire délivrée le 23/02/2001 par M. Burgaud Juge d'instruction près le TGI de Boulogne-sur-Mer, informant contre Delay Thierry et Badaoui épouse Delay Myriam, mis en examen pour viols et agressions sexuelles sur mineurs de 15 ans ».

D'emblée, je signale que « je ne désire pas être filmé comme la dernière fois, je n'ai pas aimé ». En épluchant le dossier judiciaire, je découvrirai dans les déclarations des autres enfants ne pas avoir été le seul à demander à ne pas être filmé. Cela me met mal à l'aise, probablement pour le renvoi à des souvenirs douloureux... Je me mets alors à poser plus de questions sur comment cela fonctionne, à quoi ça sert, etc. De toute façon, filmé ou non, il faut être patient pour m'auditionner, car je parle de tout et de rien avant de revenir à la question posée.

Le lieutenant de police en charge de l'audition me présente une planche de huit photos d'adultes. Je dois dire si je les connais et, le cas échéant, ce qu'ils ont fait. Il me montre ensuite une planche avec seize enfants. J'en identifie plusieurs, dont un qui participait à des séances.

L'audition se termine, car « l'enfant déclare être fatigué, il ne tient plus en place, mettons fin à l'audition ». Je signe ensuite ma première déposition. J'ai six ans et quelque. Peut-être est-ce ma première signature sur un document officiel ?

La troisième arrive trois semaines plus tard, le 27 mars, par le même officier de police que lors de la première, Didier Wallet. Ce sera lui également qui réalisera l'audition suivante. Alors capitaine de la brigade des mineurs, il témoignera dans le long métrage documentaire de Serge Garde, *Outreau, l'autre vérité*[8]. Voici ce qu'il dira :

> Les enfants avaient été entendus à plusieurs reprises et à aucun moment la parole des enfants n'a varié. [...] Il y avait plusieurs enfants qui nous racontaient la même chose, c'était dur ce qu'ils pouvaient nous dire.

D'ailleurs, j'ai le souvenir d'avoir été auditionné seul au moins une fois, sans adulte accompagnateur, qu'il s'agisse de la famille d'accueil ou d'un avocat, l'objectif étant de ne pas être influencé par l'extérieur.

Lors de cette audition, il me présente quatre photos, je reconnais trois personnes. Très vite, il suspend la séance au motif suivant :

---

8. Lien YouTube : https://www.youtube.com/watch?v=MK3V-IT_yLc&t=625s.

L'enfant prêtant de moins en moins d'attention à nos propos, nous mettons fin à l'entretien.

La suivante, en date du 4 juillet, se termine de la même manière, tout en étant un peu plus longue, car me sont proposées seize photos. Je reconnais trois personnes qui nous « faisaient des manières », je suis même capable d'indiquer leur profession. Si j'ai raison, ce n'est pas neutre comme information. En effet, un enfant de sept ans peut-il connaître le nom et le métier de personnes qu'il n'a jamais rencontrées ? En revanche, ce n'est pas une preuve de ce qu'ils nous faisaient.

J'ajoute que deux sur les trois nous filmaient, tout comme nos parents. Je parle également de deux autres individus qui participaient aux agressions sexuelles contre nous, mais ils ne sont pas sur les clichés. Lors de cette audition, j'accuse donc cinq personnes qui ne figureront pas parmi les quatre condamnés à l'issue des procès de Saint-Omer et de Paris (en appel).

Je serai entendu à d'autres reprises par la police, par exemple le 9 avril 2002. Il m'est de nouveau présenté une planche photographique avec huit personnes. J'en reconnais trois.

Le mystère des cassettes
Dans quasiment toutes les déclarations que j'ai faites, que ce soit à ma famille d'accueil, qui ensuite le signale à l'Utass, ou à la police, j'indique les personnes qui filment ces séances. Mes frères en font de même. Or, les cassettes ne seront jamais retrouvées. Une question se pose : ont-elles vraiment été recherchées, en tout cas lorsqu'il en était encore temps ? En effet, cela reste un grand mystère : pourquoi, compte tenu des informations graves que nous révélons assez tôt, mon père sera simplement convoqué par la police sans que soit déclenchée au moins une perquisition surprise au plus tôt ?

En procédant ainsi, tout le temps nécessaire est laissé à mes parents pour mettre en lieu sûr ou détruire ces preuves. Il en est de même pour celles vendues sous le manteau. Cela dit, ils les firent peut-être disparaître dès que nous fûmes placés, et alors la perquisition n'aurait rien donné. Néanmoins, le doute subsiste.

Lors d'une perquisition en Belgique, l'information circule que des cassettes ont été retrouvées. Nous n'en entendrons plus jamais parler, sans doute ne s'agissait-il que d'une rumeur.

En tout cas, il est sûr que si elles avaient été récupérées, elles auraient montré jusqu'où cela allait.

Évolution de ma signature sur les procès-verbaux

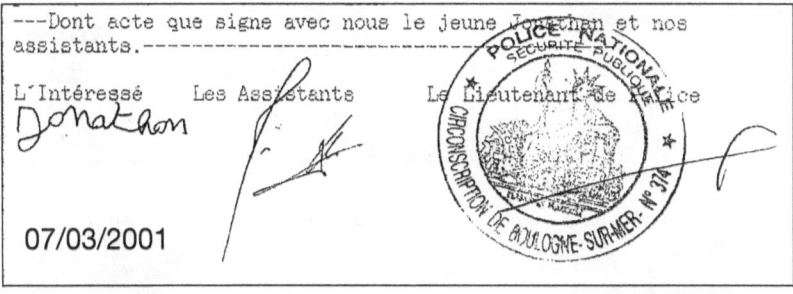

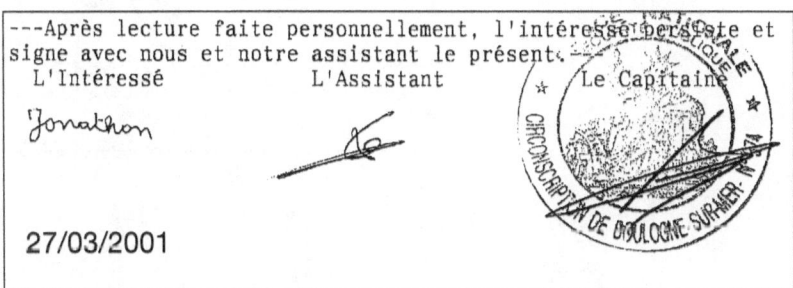

---Après lecture faite persiste et signe avec nous et notre assistant le présent.---
    Jonathan DELAY   L'Assistant   Le Capitaine

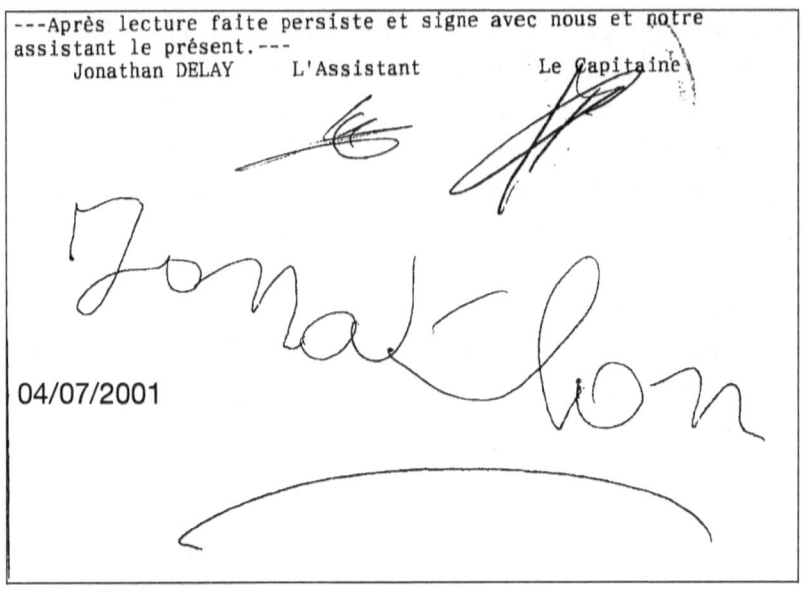

04/07/2001

A l'expiration dudit délai vous pourrez demander la clôture de la procédure en application des dispositions de l'article 175-1 du Code de Procédure Pénale.

Lecture faite, la partie civile persiste et signe avec nous et le greffier.

13/12/2001 – Chez le juge Burgaud

---L'enfant se montre dissipé. Mettons fin à l'entretien.---
---DOnt acte que signe avec nous et notre assistant à dix sept heures quinze le jeune Jonathan DELAY.---
    Jonathan DELAY   L'Assistant   Le Commandant

09/04/2002

Chapitre 5
Après l'arrestation de mes parents

Frites et soulagement
Je me souviens précisément du moment où j'apprends par les assistantes sociales l'arrestation de mes parents : nous sommes alors dans un fast-food. C'est un soulagement, car cela signifie que nous ne les reverrons pas avant un long moment. Je n'en connais pas la date, mais elle a dû se produire en mars ou début avril 2001, car l'Utass constate le 10 avril :

> Jonathan se montre extrêmement soulagé par l'arrestation de ses parents. Il vivait dans l'angoisse de se trouver en leur présence depuis qu'il avait commencé à parler.

En étudiant le dossier judiciaire, je tombe sur un document manuscrit intitulé « Notes personnelles tenues par le magistrat à l'audience en son cabinet » le 28 mai 2001. Je n'en ai aucun souvenir, mais il est étonnant de lire qu'elle se produit avec la présence de mes trois frères. Je ne me souviens pas non plus d'une autre audience où nous aurions été entendus ensemble.

Pour commencer, le magistrat note notre déclaration que « Nos tatas sont gentilles ». Évidemment, la vie en famille d'accueil nous change des rapports avec nos parents et la plupart des adultes venant chez eux.

Ce sont mes deux frères aînés surtout qui parlent de ce que nous subissons, de qui sont les coupables, des autres enfants victimes, etc. L'un d'eux déclare :

Ma grand-mère savait ce qui se passait. [...]. Alors elle a dit à son fils, si ça recommence, j'appelle la gendarmerie ; elle disait tu ne vas pas recommencer comme ton père.

En effet, notre géniteur fut abusé durant son enfance. Sans doute l'a-t-il trouvée aussi longue que nous la nôtre.

À l'école

Sur la période de mai et juin, mes frères et moi continuons les révélations, avec les noms, les prénoms, les professions, voire d'autres précisions étonnantes pour des enfants de notre âge, ainsi que ce qu'ils nous faisaient, qui filmaient, etc. Il n'est pas nécessaire d'entrer dans le détail des scènes.

J'indique également que mon père allait porter des cassettes dans un certain magasin sur la place d'Outreau.

Dans le cas d'une des personnes que nous mettons en cause, la famille d'accueil d'un de mes frères déclare la rencontrer à la sortie de l'école et rapporte qu'elle « lui a demandé comment allaient les enfants et **s'ils lui parlaient**[9] ». Ce n'est évidemment pas une preuve, mais il peut paraître étonnant de poser une telle question. En tout cas, cela l'est suffisamment pour que la « tata » le signale à l'Utass, qui juge à son tour nécessaire d'en faire état dans sa longue note du 7 juin 2001, dans laquelle sont mentionnées les dernières informations que nous avons communiquées, dont celles concernant cette femme et son mari.

Certains d'entre eux ne seront pas inquiétés, mais plusieurs feront de la prison préventive avant d'être condamnés en première instance au procès de Saint-Omer, et finalement acquittés en appel à Paris.

Nous citons également le nom d'enfants victimes de ces agres-

---

9. Souligné par nous.

sions, lorsqu'elles se passaient chez nous, dont certains sont dans nos écoles respectives. Il y en avait trois ou quatre dans la mienne, mais nous n'en parlions jamais entre nous. Nous faisons comme si de rien n'était. Tout ce qui se passait à la maison ne devait pas en sortir ; sinon, gare aux représailles.

« Première audition de partie civile »
C'est le titre d'un document daté du 13 décembre 2001 et c'est la première fois que je me trouve dans le cabinet du juge Burgaud. J'ai sept ans et demi. Sont présents Me Normand, mon avocat, et le greffier, Patrick Duval. Je n'ai aucun souvenir de cette séance. C'est pourquoi je m'appuie sur le compte-rendu officiel.
Deux mentions figurent en gras en tête du document :

> MENTION : Donnons connaissance à la partie civile des dispositions de l'article 706-52 du Code de procédure pénale préconisant l'enregistrement vidéo de l'audition.
> MENTION : dans la mesure où les viols et agressions sexuelles que dénonce la victime ont été filmés à l'aide d'une caméra vidéo, l'enregistrement vidéo de la partie civile aurait pour effet d'accroître son traumatisme, traumatisme déjà très important tel qu'il est mentionné par Madame Gryson Dejehansart, expert psychologue qui a examiné l'enfant. Afin de ne pas encore accroître le traumatisme de la victime, la présente audition ne fera pas l'objet d'un enregistrement vidéo.

Les questions du juge commencent ensuite :

> **As-tu bien dit la vérité jusqu'à aujourd'hui ?**
> Oui.

Quelles sont les personnes qui t'ont fait du mal ?
[J'en cite dix-sept, dont mes parents, et j'ajoute :] « je ne me rappelle plus les autres ».
Que t'ont-ils fait ?
[Description des agressions sexuelles]. Après, ma mère, elle était en train de filmer, mon père était en train de regarder les cassettes avec des gens tout nus qui faisaient des manières. Après, on se voyait à la télé. Il y avait aussi un monsieur avec un gant qui faisait des manières.
Quels genres de manières ont fait ta maman et ton papa ?
Ça se passait en Belgique. Il y avait quatre caméras et on faisait ça avec des animaux [description de scènes de zoophilie, puis indication des personnes présentes]. C'est l'horreur.
Es-tu bien sûr que c'était des manières avec les animaux ?
Oui, c'était bien des manières avec les animaux.

Les sept questions suivantes portent sur dix personnes mises en cause (il y a des couples). Je dois répondre s'ils m'ont fait du mal. C'est le cas de toutes, à l'exception de deux d'entre elles citées sous leur nom et prénom. Je réponds : « Ça ne me dit rien. » Pourtant, ils feront partie des mis en examen. Ensuite, les avocats de la défense auront beau jeu de clamer que leurs clients sont innocents : pour preuve, il suffit de lire ma déposition devant le juge. En fait, l'explication est simple : je ne les connais pas sous leur état civil, mais par le surnom qui leur est affublé. Si le juge m'avait montré leur photo, je les aurais immédiatement reconnues, comme au commissariat, et j'aurais dit comment nous les appelions. C'est l'une des raisons expliquant les différences, parfois les contradictions, entre nos divers témoignages.

Il m'interroge aussi sur les lieux où se sont produits ces actes. Je réponds : « À ma maison et en Belgique. »

D'autres questions me sont posées avant de terminer par :

As-tu été menacé ?
Si, des coups de bâton, des coups de ceinture, et des coups de casquette. C'était mon père. Il me maltraitait.
T'a-t-il dit qu'il n'y avait pas des choses qu'il ne fallait pas dire ?
Oui, il m'a dit qu'il ne fallait pas le dire à la police qu'ils nous avaient fait des manières et qu'il ne fallait pas le dire non plus à ma tata. Il a dit que c'était un secret. Il m'a dit : « Si tu dis que je t'ai tapé et que je t'ai fait des manières, je continuerai à te frapper. »

Mon avocat ajoute une question : « Comment allais-tu en Belgique ? » Je cite précisément avec quel chauffeur de taxi et ajoute :

Il y avait mes parents et mes frères. J'y suis allé plusieurs fois, je ne saurais pas dire combien, au moins 5. il y avait beaucoup de voitures.

Mes déclarations indiquent que les agressions se sont poursuivies pendant les visites chez nos parents, donc tandis que nous étions en famille d'accueil le reste de la semaine.
Je suis de nouveau auditionné par le juge Burgaud, à la date du 11 janvier 2002. L'interrogatoire porte principalement sur la mort de la petite fille belge, dont nous parlerons dans le chapitre suivant, l'un des mystères de l'affaire d'Outreau. Le début de la séance porte sur des questions plus générales :

[...]
Qui vous frappait ?
C'est mon père, ma mère [suivent six noms, dont des acquittés].
Avec quoi ils vous frappaient ?
Avec des matraques.
Peux-tu me dire ce qu'est une matraque ?
C'est comme les trucs que les policiers ils ont, ils ont un grand bâton.
À qui appartenaient les matraques ?
À mon père. Les adultes se servaient.
Pourquoi est-ce que les adultes frappaient les enfants ?
Je ne sais pas, moi. Parce que les enfants voulaient pas faire des manières aux adultes. Quand ils ne voulaient pas, mon père et [X] les frappaient d'un coup de matraque à la tête, plusieurs coups de matraque à la tête et à la figure.

Maladie sexuelle à... un an et demi ?
Je fais partie de ces enfants qui connaissent l'effet des coups de matraque sur la tête. Eh oui, je n'ai jamais subi que sous la contrainte et la violence, je ne me suis jamais montré docile et, pour ceux qui se posent la question, je n'ai jamais ressenti le moindre plaisir à ces sévices, la plupart du temps au-delà du supportable. Il m'arrivait même de m'évanouir. Croyez-moi, je n'en ai jamais redemandé et, très jeune, je connaissais la couleur de mon sang. Je préfère d'ailleurs ne pas entrer dans les détails, comme je l'ai déjà indiqué, et pas uniquement pour les âmes sensibles, pour moi aussi, ces souvenirs sont toujours douloureux.

Pour en revenir ne serait-ce qu'aux coups de matraque, c'est à deux reprises qu'il fallut me conduire aux urgences afin de me poser des points de suture sur le crâne. J'en porte encore les stigmates, puisque mes cheveux ne repoussent pas sur les cicatrices. À l'hôpital, mon état ne suscita jamais d'interrogation, le personnel gobait ce qui lui était raconté, à savoir que j'étais tombé dans l'escalier ou en jouant, etc. Je pense qu'il y a des lacunes dans la formation du personnel soignant quant aux traumas spécifiques aux violences faites aux enfants. Par exemple, lorsque je me présente à l'hôpital avec le visage bleui, une chute ne peut l'expliquer, en tout cas, il y a au moins une autre cause possible, je peux en témoigner.

Il faut y ajouter, comme je le raconte dans le premier chapitre, la perte de l'ouïe du côté gauche et la chaise lancée au visage, qui me laisse une cicatrice au front et un nerf de la lèvre irréparable, mais aussi les coups qui, à force, provoquent la déviation des cloisons nasales et décalent légèrement la mâchoire, jamais totalement remise en place. Plus l'ablation d'une partie du testicule gauche par suite des sévices, dont l'une des conséquences est que je n'ai plus que 50 % de chance d'avoir des enfants.

En épluchant mon carnet de santé ou même le certificat de mes hospitalisations établi à la demande de la police, on peut aussi lire que j'ai une épididymite le 12 décembre 1995. Or, dans la très grande majorité des cas, elle se transmet par voie sexuelle. Peut-on imaginer que ce fut mon cas à un an et demi ? Un gynécologue-obstétricien évalua aussi que j'avais été violé entre sept et neuf mois.

La question reste posée : pourquoi les médecins ne se posèrent-ils pas plus de questions, étant donnée ma fréquence de visite dans le même hôpital et pour des pathologies qui auraient dû les interpeller ?

Bons baisers de prison

J'ai sept ans, ma seule envie est que tout cela s'arrête, que je reste tranquille dans ma famille d'accueil. Inutile de préciser que je traverse une période difficile, malgré l'arrestation de mes parents, d'autant plus qu'ils se mettent à m'écrire de leur cellule. Davantage ma mère que mon père. Lui, ce n'est qu'en de rares occasions ; le jour de mon anniversaire ou pour Noël. Il me raconte un peu ses journées, que la vie en prison est difficile, mais il minimise toujours les faits qui l'y ont conduit. D'ailleurs, je ne me souviens pas lui avoir répondu. Néanmoins, cela m'étonne encore aujourd'hui qu'il ait pu prendre la peine de m'écrire... Pourtant, il semblait tant me détester.

Quant à ma mère, je peux dire qu'elle m'inonde de lettres, jusqu'à trois à quatre par jour. Cela me met mal à l'aise, même me déséquilibre psychologiquement, et le Conseil général fait limiter le nombre de courriers à un maximum de dix ou quinze par mois (le chiffre est de cet ordre, je ne m'en souviens plus exactement). Elle me raconte ses journées, les activités qu'elle pratique, qu'elle s'est fait beaucoup d'amies, etc. J'ai gardé ses lettres jusqu'au jour où ma valise qui les contenait me fut volée, lorsque j'étais à la rue après ma majorité.

Contrairement à mon père, elle s'excuse beaucoup et demande souvent pardon. Chose qu'il m'est impossible ne serait-ce que d'envisager. Comment peut-elle demander pardon après tout ce qu'elle m'a fait subir ? Et même se regarder dans un miroir ? Je n'arrive pas à comprendre. Il ne suffit pas d'un « Pardon » pour effacer une vie de souffrance. En tout cas, pas dans cette situation. J'aurais préféré qu'elle ne s'excuse pas, car je trouve déjà à l'époque que cela n'a aucun sens, comme si elle voulait se dédouaner de quelque chose d'indédouanable. C'est un sujet délicat pour moi encore aujourd'hui. Dans une situation aussi exceptionnelle, le pardon est-il même possible ? Je ne sais pas.

Chapitre 6
Sur les traces de la petite fille belge

Une affaire dans l'affaire
J'ai rédigé un chapitre à part entière sur ce mystère parce que le corps de cette malheureuse enfant n'ayant pas été retrouvé à l'endroit que j'avais indiqué, il fut facile à la défense et aux médias de me traiter de menteur, d'affabulateur... Avec tout le temps laissé à mes parents avant leur arrestation, peut-on croire mon père pas assez malin pour déplacer le cadavre, sachant que j'étais dans le jardin lorsqu'il fut enterré ?

Pourtant, comme pour mes autres accusations corroborées par les témoignages des adultes s'accusant entre eux, je ne suis pas le seul à témoigner. Ce n'est pas même moi qui déclenche l'affaire. Et il s'en est peut-être seulement tenu à un petit-déjeuner pour que j'y sois mêlé.

Déclaration sur l'horreur
De mon côté, tout démarre le jeudi 10 janvier 2002, lorsque les informations à la radio parlent d'une petite fille qui a disparu. En train de petit-déjeuner, je m'arrête immédiatement pour dire à Mme Martin que je la connais, et commencer à décrire la scène telle que je l'ai vécue, dont j'ai toujours des bribes en mémoire vingt ans plus tard.

Je raconte qu'après lui avoir fait des manières avec un vieux monsieur, mon père la tue parce qu'elle crie, puis l'enroule dans du balatum. Ensuite, je me réveille en pleine nuit. Ma peluche étant tombée dans le trou où mon père enlève les lattes pour nous battre, je me penche pour la récupérer et me retrouve face à face avec la petite fille morte. Je hurle si fort que mon père accourt, ouvre la fenêtre, m'assois sur le bord et me menace, si je ne me tais pas immédiatement, de me laisser tomber. L'effet est efficace, je me calme et nous descendons en pleine nuit pour l'enterrer dans un jardin. Pourquoi me fait-il venir avec lui, je n'en ai aucune idée.

Mme Martin prend tout de suite contact avec l'Utass, qui la reçoit dans la journée et remonte sans délai l'information par la voie hiérarchique. Voici un extrait de la note :

> Jonathan a réagi immédiatement ce matin en entendant sur Radio 6 l'information concernant le meurtre d'une enfant mis en lien avec l'affaire de ses parents. Jonathan dit : « Je le sais déjà, ça s'est passé à la maison. Il y avait tout le monde [liste de noms, dont Daniel Legrand], et maman disait que c'était la fête. Il y en a qui disent que c'est mon père qui a tué la petite fille, mais c'est [Y]. Il l'a tuée avec le bâton de mon père. Elle a été tuée parce qu'elle se débattait. Il y avait plein de sang partout. C'était une petite fille de 4 ans. J'ai des images dans ma tête.

Je laisse la totalité du paragraphe, car quelque chose m'étonne : apparemment, je disculpe mon père, tandis que lorsque je serai devant le juge deux jours plus tard, c'est lui que j'accuserai de ce meurtre. Compte tenu de ce qui est écrit, je ne pense pas que Mme Martin ait mal compris mes propos. Est-ce qu'à chaud, j'ai voulu protéger mon père, sincèrement, je ne sais plus. Cela prouve que le témoignage d'un enfant, comme celui d'un adulte, est à recevoir avec circonspection.

Le déclenchement de l'affaire

Si les médias parlent de cette disparition, c'est parce que Daniel Legrand fils envoie de sa prison le 4 janvier 2002 la lettre[10] suivante au juge Burgaud :

Monsieur,

Je vous fais part de ce courrier pour vous faire de nouvelles révélations concernant cette affaire. Je vais faire ces révélations car je ne supporte plus de garder cela au fond de moi. Mais je ne voudrais pas endosser la mort d'une fillette, alors que je n'ai été que simple témoin. En effet en 99, je me trouvais chez les Delayes. Quand Thierry Delay et un vieux messieur sont arrivés accompagnés d'une petite fille de 5 à 6 ans et sois disant belge d'après Thierry. Je crois que le vieil homme aussi belge et connaissait l'enfant, car elle lui tenait la main. Le vieil homme a abusé de la petite, mais la petite a hurlé, et c'est là que Thierry la battue à mort à la tête. Il avait même filmait, mais après ce drame il a débobiné la bande de la cassette, et la détruit.

Thierry m'a fait des menaces de mort. J'avais peur qu'il s'en prenne à ma famille. J'avais peur de ceux que j'avais vu. Thierry et le vieil homme ont emmené la gamine le soir très tard mais moi j'étais rentré chez moi. Le reste Thierry s'expliquera avec la justice. Je ne peux vous en dire plus, mais sachait qu'après avoir été perturbé par cela, je me porterais mieux soulagé d'avoir parlé. Je ne demande qu'une chose que la justice protège ma famille et j'espère pouvoir un jour me reconstruire.

Dans l'attente de vous voir, sachais que plus rien ne sera cachais dans cette affaire. Recevais mes respects.

---

10. NdÉ : Elle est transcrite dans son orthographe d'origine.

Il en envoie une copie à FR3 (France 3), ce qui lui vaudra lors de son interrogatoire du 19 février 2002, un mois plus tard, d'être interrogé en premier lieu sur comment il s'y est pris, sachant qu'il est incarcéré et que son courrier est contrôlé.

À réception de ce courrier, il est entendu sans délai par le juge Burgaud, soit le 9 janvier, en présence de son avocat. Voici la première question à lui être posée : « Confirmez-vous vos révélations ? » Il répond « Oui », puis raconte longuement la scène avec force détails après qu'il lui ait été demandé : « Pourriez-vous nous expliquer ce qui s'est précisément passé ? »
Il est question ensuite des menaces qu'il subit :

Pour quelles raisons n'en avez-vous pas parlé à la police ou à la gendarmerie ?
Je ne pouvais pas, même si ça n'était pas facile. Je tenais à ma vie.

La suite de l'audition porte sur ces menaces, notamment de la part de mon père « et de ses copains ». Daniel Legrand « demande la protection de la justice, surtout pour ma famille. Thierry Delay connaît encore beaucoup de monde à l'extérieur ».
Le lendemain, soit le 10 janvier, je suis conduit par un officier de police judiciaire, en compagnie de mon assistante maternelle, dans le jardin où j'ai déclaré que le corps a été enterré. Voici un extrait du procès-verbal :

> Demandons à Jonathan de nous indiquer l'endroit où, selon lui, le corps d'un enfant aurait pu être enterré
> [...]
> Juste ensuite Jonathan se dirige dans le jardin en face du premier, premier à gauche en entrant dans l'allée, et se rend au fond de ce dernier, en nous indiquant un rectangle délimité

par des châssis en bois, comme étant l'endroit où est enterré la petite fille.

Spontanément, Jonathan nous signale que ce jardin serait celui d'un ami de son père [...].

Précisons qu'en nous montrant ces deux endroits[11] du doigt, Jonathan a effectué un geste de recul, comme étant effrayé.

C'est dès le lendemain que je suis entendu par le juge. Il est mentionné au début du procès-verbal :

> MENTION : Ne donnons pas connaissance à Jonathan Delay du contenu de l'interrogatoire de Daniel Legrand fils en date du 9 janvier 2002 (D1093), ni de l'interrogatoire de Madame Delay en date du 9 janvier 2002 (D1097), ni de l'interrogatoire de [Frère].
>
> OBSERVATIONS DE MAÎTRE NORMAND : Je n'ai pas donné connaissance du contenu desdits interrogatoires à Jonathan Delay.

Ce point est important, car, dans la suite de mon audition par le juge, je donne des informations sur ce qui s'est passé, dont certaines corroborent les révélations de Daniel Legrand, mais aussi celles de ma mère, entendue le même jour que lui, mais séparément.

Un travail de comparaison entre nos trois témoignages est publié sur différents sites ou dans le livre *Outreau, angles morts : ce que les Français n'ont pas pu savoir*, de Jacques Delivré et Jacques Cuvillier.[12] Je ne le reprendrai pas ici, mais les lecteurs intéressés peuvent approfondir ce point spécifique. Par exemple, nous

---

11. L'autre endroit que je désigne concerne un bébé qui a aussi été tué et enterré. L'un de mes frères parlera également de cette affaire.
12. Editions du Pétiole, 10 juillet 2019.

déclarons tous les trois que cela s'est produit chez mes parents ; nous décrivons la scène de l'arrivée de la petite fille en compagnie d'un « vieux » monsieur, les adultes précisant qu'il est belge, moi expliquant qu'elle parle français et une langue que je ne comprends pas ; nous lui donnons le même âge ; nous racontons qu'elle s'est mise à saigner de la tête ; etc.

En revanche, il y a des variantes : les deux adultes indiquent qu'elle portait un jogging ou un pyjama bleu, tandis que je parle d'une robe rouge ; ils indiquent l'année 1999, mais moi, je ne sais pas.

C'est un casse-tête pour les avocats de la défense : comment expliquer que trois témoins qui ne peuvent s'être consultés – Daniel Legrand et ma mère ne sont pas en prison ensemble et je n'ai aucun contact avec eux –, peuvent donner la même information principale (le meurtre d'une petite fille chez mes parents) avec des détails similaires ou qui se recoupent et se complètent ?

Eux ne peuvent avoir été influencés par les médias, qui ne commencent à en parler que le 10 janvier, donc le lendemain des interrogatoires.[13] En effet, le fait que le juge Burgaud ait réagi rapidement a permis de les devancer. Ils ne peuvent donc avoir impacté le témoignage de ma mère, qui, de toute façon, livre des détails qu'ils ne connaissent pas et n'apparaissent pas dans la lettre de Daniel Legrand.

Alors, les avocats de la défense expliquent qu'elle tient des propos concordants parce que le juge lui en a lu l'intégralité avant sa déposition. Ce serait, évidemment, une faute grave, qui sera démentie. Quant à moi, ils prétendent que je n'ai fait que répéter ce que j'ai entendu dans les médias. Or, dès le petit-déjeuner, je donne plus de détails que la radio. Ils tentent une autre hypothèse, qui ne fonctionne pas plus : comme pour ma mère, le juge ou mon avocat

---

13. *Outreau, angles morts : ce que les Français n'ont pas pu savoir*, op. cité, p. 30.

m'aurait lu les auditions avant de m'entendre. C'est évidemment faux et pourtant expressément souligné en tête du procès-verbal d'audition cité ci-dessus.

Épais mystère
Des fouilles sont effectuées à l'endroit que j'ai désigné, mais rien n'est trouvé. Me suis-je trompé ? Le corps a-t-il été déplacé entre-temps, sachant que j'avais assisté à la scène, donc que je risquais de parler un jour ou l'autre ? Si tel est le cas, mes parents étant alors en prison depuis huit mois environ, cela impliquerait que le corps fut déterré avant. Comme c'est un jardin potager, il suffit de retourner toute la terre de la parcelle pour effacer les traces.

Le 18 janvier 2002, Daniel Legrand confirme avoir assisté au meurtre de la petite fille devant le psychologue Michel Emirzé chargé de l'examiner.[14]

Par la suite, il déclare avoir inventé toute l'histoire pour démontrer par l'absurde que le juge est prêt à faire n'importe quoi. Dont acte. Toutefois, cela n'explique pas la concordance des trois témoignages, alors que nous n'avons pas pu nous consulter avant.

Le compte-rendu de l'entretien de Jean-Claude Monier, le président de la Cour d'assises pour le procès de Saint-Omer, réalisé le 20 janvier 2006 par l'Inspection générale des service judiciaires du ministère de la Justice[15], apporte un complément d'information intéressant :

> M. « Legrand fils » a exposé pour la première fois devant la chambre de l'instruction, à l'occasion de l'appel d'un rejet de demande de mise en liberté, l'affaire de la fillette battue à

---
14. *Outreau, angles morts : ce que les Français n'ont pas pu savoir*, op. cité, p. 31.
15. Version complète : https://fr.scribd.com/document/242852056/Jean-Claude-Monier-pdf.

mort. Il confirmera ce récit par courrier ultérieurement, puis se rétractera deux mois et demi plus tard en disant avoir voulu faire craquer Mme Badaoui. En réalité, il apparaît qu'avant cette rétractation, il n'a absolument pas cherché à déstabiliser celle-ci pendant les confrontations. Il est apparu en revanche qu'il avait fait l'objet de menaces au sein de l'établissement pénitentiaire après cette révélation.

Quant à moi, j'ai effectivement déclaré que Daniel Legrand fils était présent ce soir-là, mais toujours soutenu qu'il n'avait rien fait à la petite fille. Quoi qu'il en soit, c'est l'un des mystères de l'affaire d'Outreau. Peut-être trouvera-t-il un jour son épilogue ?

Chapitre 7
Le procès de Saint-Omer

Anniversaire à Saint-Omer

Mes dix ans, je les « fête » pendant le premier procès de l'affaire d'Outreau. Drôle de cadeau. Il s'ouvre à la Cour d'assises de Saint-Omer le 4 mai 2004 et se termine le 2 juillet. Il vise à juger dix-sept personnes pour des faits de maltraitance, de corruption de mineurs, de viols sur enfants, de réalisation de prises de vues et vidéos à caractère pornographique en vue de revente, de proxénétisme et de mise à disposition tarifée d'enfants pour activités sexuelles et de meurtres de jeunes enfants.

Il marquera les esprits par la façon dont il a été géré et restera dans les annales de l'institution judiciaire française. Mon objectif n'est pas de le raconter en détail ni de faire le procès du procès, mais de livrer quelques séquences, dont certaines m'ont marqué.

C'est sans aucune préparation que je dois affronter cette épreuve. Tant de monde s'agite autour de nous que ma tête tourbillonne. Sont notamment présents mes frères, les référentes sociales, les assistantes maternelles, la directrice du Conseil général, nos avocats, des policiers... Heureusement, nous ne sommes pas présents tous les jours.

Selon le motif officiel du nombre élevé de mis en cause, nous, les enfants, sommes placés dans... le box des accusés. Je ne comprends toujours pas comment la Justice a pu prendre cette décision. Même nos avocats ne s'y sont pas opposés. Les enfants victimes dans le box des accusés, quel symbole ! C'est nous qui sommes exposés... Tout le monde le sait, la première chose à laquelle on porte attention en pénétrant dans une salle d'audience est cette « cage », ceux ayant vécu l'expérience vous le confirmeront. C'est une première erreur qui, malheureusement, ne jouera pas en notre faveur.

Les accusés, eux, sont dans la salle, accompagnés de leurs avocats. Ils semblent libres comme l'air et peuvent se promener au milieu des dizaines de journalistes venus couvrir l'événement.

Comment ne pas se sentir affreusement mal à l'aise face à cette situation ? Je ressens encore aujourd'hui cette impression d'être la bête de foire. L'attraction du jour que l'on paie pour venir voir.

Croiser le regard de ceux qui m'ont abusé me terrifie aussi. Même si je sais qu'ici je ne risque rien, une angoisse incontrôlable me monte à la gorge à chaque instant. Je mettrai des années à m'en débarrasser.

Lors de son audition par l'Inspection générale des services judiciaires du ministère de la Justice le 20 janvier 2006, déjà citée ci-dessus, Jean-Claude Monier, président de cette cour d'assises, soulignera un autre biais généré par cette disposition :

> Selon M. Monier, une telle configuration des lieux a eu un effet négatif sur le procès, personne n'étant à sa place : les parties civiles étaient à la place des accusés et ces derniers se trouvant comme fondus dans le public. La symbolique était ainsi inversée voire totalement brouillée, puisque cela donnait l'impression d'une justice qui accuse la société. En outre, la disposition des lieux était déstabilisante pour les enfants. Lorsqu'un enfant présumé victime était invité à reconnaître l'un des accusés, il se tournait vers une salle de 200 personnes et pouvait chercher plusieurs minutes avant même de reconnaître ses parents.

Confrontations
Le procès n'a pas encore commencé que je souhaite déjà qu'il se termine. De toute façon, dès l'origine je ne veux pas y aller. Je me souviens que notre avocat, Me Normand, m'explique que je peux choisir de ne pas venir, mais il me dit que ce serait mieux d'être là, et je finis par accepter.
Voici ce que le président Monier déclare :

> Les avocats des parties civiles ont fait part de la peur, voire du refus de certains des enfants de venir déposer devant la cour. Toutefois, la défense ayant déploré l'absence de confrontations pendant l'instruction, M. Monier a insisté auprès des conseils pour que les enfants viennent, étant précisé qu'il n'existe aucun moyen de contraindre une partie civile à venir déposer. Finalement tous les enfants se sont exprimés devant la cour.

Compte tenu de ce qui se passera ensuite lors des audiences, il est manifeste que la présence d'enfants victimes dans une salle avec autant de monde pose question. En fait, le huis clos paraît plus approprié, mais, à Saint-Omer, il n'y en eut qu'un, dans le cas d'un père accusé d'attouchements sur son fils, que je dénonçais également, mais pour des actes plus violents.
Ce point me permet d'ailleurs de revenir sur la question des confrontations. J'ai lu et entendu à plusieurs reprises que le fait de ne pas avoir confronté les enfants aux gens qu'ils accusaient de viols et de sévices montrait que l'instruction avait été conduite à charge. Sérieusement ? Peut-on imaginer de si jeunes victimes confrontées dans le bureau du juge à leurs parents et à leurs violeurs ?
Pierre Joxe, ancien ministre et membre du Conseil constitutionnel, inscrit au barreau comme avocat bénévole d'enfants, l'exprime fort

bien dans le long métrage documentaire de Serge Garde intitulé *Outreau, l'autre vérité*[16] :

> Si un de vos enfants avait été abusé sexuellement, est-ce que vous aimeriez, vous accepteriez, la confrontation entre votre enfant et l'agresseur ? C'est tellement compliqué de recueillir le témoignage d'un enfant que, avant de mettre en cause une procédure parce qu'on n'a pas choisi la confrontation, comme il y a d'autres éléments de suspicion, puisque la plupart des adultes mis en cause se sont accusés entre eux, ils se sont mis en cause les uns les autres. Alors, très souvent, on dit « Ah, la parole des enfants... », très bien, mettons en cause la parole des enfants. Et les adultes qui se sont accusés les uns les autres, alors leur parole ne vaut rien ? Non, je crois que cette question de confrontation... la confrontation entre adultes, c'est une chose ; la confrontation entre un enfant qui a été violé ou abusé et parfois de façon répétée, et certains des coupables, ça mérite réflexion.

Une stratégie de masse
D'emblée, les débats semblent disproportionnés : les quinze enfants sont défendus par deux avocats commis d'office, contre dix-neuf avocats pour... dix-sept accusés.

Les avocats de la défense sont face à un dossier qui n'est pas simple à défendre en l'état, car, contrairement, à ce qu'ils marteleront à tout bout de champ devant les médias, il ne repose pas que sur la parole des enfants. Par exemple, Philippe Muller, ancien substitut au parquet général de Douai, déclare ceci dans *Outreau, l'autre vérité* :

---

16. Lien YouTube : https://www.youtube.com/watch?v=MK3V-IT_yLc.

Les avocats indiquaient que le dossier ne tenait que sur les déclarations des enfants. Ce que j'ai fait immédiatement quand j'ai eu le dossier entre les mains : j'ai fait les auditions des mis en examens, les auditions des victimes, les auditions des témoins. J'ai pris le tas des auditions des victimes enfants et je l'ai mis de côté, je n'y ai pas touché, j'ai travaillé uniquement sur les auditions des mis en examen et des témoins, pour vérifier si les avocats avaient raison ou pas. Et je me suis rendu compte qu'à mon idée, à mon filtre, le dossier tenait sur les simples déclarations des accusés et des témoins. Et ensuite, j'ai pris la pile des enfants, pour ne pas les oublier, pour voir si, effectivement, on pouvait croiser les informations, les déclarations, entre les mis en examen, qui s'accusaient entre eux, et j'ai mis les déclarations des enfants et je les ai croisées. Et pour beaucoup d'entre elles, ça se croisait parfaitement.

Il est d'ailleurs étonnant que Philippe Muller, compte tenu du rôle qu'il joua dans l'affaire, n'apparaisse pas dans la liste des personnes auditionnées par *La commission d'enquête chargée de rechercher les causes des dysfonctionnements de la justice dans l'affaire dite d'Outreau et de formuler des propositions pour éviter leur renouvellement.*[17] Sans doute était-ce pour des raisons matérielles ou de planning ?

En tout cas, il affirme que le dossier « tenait » rien qu'avec les accusations entre les adultes, qu'ils soient mis en examen ou témoins. Les avocats de la défense le savent bien, c'est probablement la raison pour laquelle ils choisissent une stratégie qui peut être considérée comme audacieuse : malgré le fait que les accusés se sont dénoncés entre eux, ainsi qu'en témoignent les procès-verbaux des auditions, ce qui en a conduit certains en

---

17. Rapport : https://www.assemblee-nationale.fr/12/rap-enq/r3125.asp.

prison préventive, treize sur dix-sept font bloc désormais, tous se déclarant innocents et se portant garants de l'innocence des autres. Les avocats pourront ainsi parler d'une seule voix et profiter de leur effet de masse : ils n'ont plus à se battre entre eux, mais seulement contre les enfants, les experts et les témoins. De plus, ma mère viendra leur prêter main forte en temps utile.

C'est ce mur auquel nous serons confrontés à chaque procès, qui d'ailleurs nous engloutira, comme vous le constaterez.

À la barre !

La première fois où je pénètre dans la salle d'audience, je me souviens que cela me rappelle le théâtre où notre instituteur, M. Boulogne, nous avait emmenés assister à une pièce lorsque j'étais en CP. Mais c'est à un tout autre spectacle auquel je vais participer cette fois.

En attendant mon tour, j'assiste aux audiences lorsque je suis au tribunal, face à des avocats de la défense sans pitié pour chaque enfant qui passe avant moi. Parfois, ils se mettent presque à crier dans la salle, y compris contre nous, c'est effrayant. Je m'en souviens encore, surtout d'Éric Dupont-Moretti. Aujourd'hui, je dirais qu'il ne faisait pas du théâtre, mais du cinéma. Sa stratégie, c'est la peur. Cela marche contre des adultes, alors contre nous... C'est terrorisant.

Quand j'y repense, le président du tribunal, M. Monnier, paraissait dépassé par la situation. À plusieurs reprises, on nous fit sortir de la salle, en attendant que la situation se calme.

Ceux qui nous accompagnent tentent, tant bien que mal, de nous rassurer. D'autant plus que le procès dure deux mois, ce qui est bien long... Chaque heure paraît interminable.

J'appréhende d'aller à la barre avec tous ces gens que je ne connais pas et ces avocats méchants. Ce n'est pas la peur de répondre aux questions – j'ai toujours raconté de la même manière ce que j'ai vécu –, mais la situation m'impressionne.

Le moment fatidique arrive. Je ne sais pas quelle est la date, mais, selon les comptes-rendus, c'est le lendemain de mon anniversaire. Je me souviens m'être avancé à la barre, en tentant de cacher du mieux que je peux la peur qui me vrille le corps. D'ailleurs, pendant l'audition, je me retourne souvent pour voir si tout se passe bien derrière mon dos, car je ne me sens pas en sécurité.

Le président me demande de me présenter – « Jonathan Delay ». Il m'interroge sur mon âge et l'école que je fréquente. Je réponds, puis il énonce les raisons de ma présence. Il me demande si je comprends. Je réponds : « Oui, parce que des personnes m'ont fait du mal. » Il me montre une planche avec des photos. Je dois les reconnaître et les désigner dans la salle, derrière moi.

Ensuite, je suis lâché dans la fosse aux lions. Je me rappelle la façon dont les avocats de la défense s'acharnent sur moi, notamment Éric Dupond-Moretti, Franck Berton, Delarue père et fils, sans oublier Blandine Lejeune. Je ne sais plus si d'autres m'ont interrogé, mais ces cinq-là m'ont marqué. Ils m'attaquent tout le temps. Aujourd'hui, j'ai encore l'impression que rien ne pouvait les retenir. Voici un exemple de question : « Tu te souviens de la couleur du papier peint de la pièce où tu as été violé ? » Par qui c'était, oui, mais la couleur du mur, non. Éric Dupond-Moretti revient à la charge, en ajoutant « Chaque détail a son importance. » Bien sûr... Parce que si je ne m'en souviens pas quatre ans après, cela signifie que rien ne s'est produit ? Toute personne violée doit donc désormais prendre note de ce genre de « détail ».

À plusieurs reprises, nous aurions aimé que nos avocats se lèvent pour demander au président de calmer la situation, mais ils n'en font rien et lui n'est pas plus actif. Tous paraissent absents et laissent le champ libre à la défense. En revanche, j'entends ma mère crier à plusieurs reprises qu'ils doivent faire attention à la façon dont ils nous parlent, que nous sommes des enfants.

Mon audition devient trop éprouvante, j'ai besoin de respirer et de reprendre mes esprits. Comme j'ai vu d'autres le faire avant moi, je demande une pause. Nous pouvons sortir pendant quinze minutes.

À la reprise, je continue de répondre aux questions. Plus elles défilent, plus la peur m'envahit. Ils sont toujours au minimum trois ou quatre à me poser des questions en même temps. Je me demande pourquoi cette méchanceté, comme si j'avais fait quelque chose de mal. Je finis par perdre le fil, je deviens fuyant, je réponds à côté. Leur méthode est redoutable. C'est pire qu'un interrogatoire avec un policier ou chez le juge. Je n'ai pas même le temps de répondre à une question qu'ils m'en posent une autre. Je suis complètement déstabilisé. Cela dure environ deux heures. Je me sens perdu à la fin.

Les rétractations de ma mère
Au tribunal, c'est la première fois que je la revois depuis leur arrestation en 2001, trois ans plus tôt. Comme tous les prévenus, elle est assise dans la salle, à environ deux mètres de moi. Il est impossible de nous parler, notamment à cause de la disposition du box des accusés. Parfois, elle pleure. Elle me jette des regards, sans plus. Moi aussi, plutôt avec des reproches dans les yeux, car je sais que ce que j'ai vécu n'est pas normal. En effet, j'ai grandi depuis les faits et j'ai été vu par un psychologue, des experts, des policiers... Je pense que le lien maternel n'existe plus à ce moment-là, quelle que fut sa « force » lorsque nous habitions ensemble. Certes, lorsqu'elle m'envoie un courrier, cela me fait plaisir, car je ne reçois rien de l'extérieur. Néanmoins, la relation est réduite à sa plus simple expression.

Je n'ai aucun souvenir de sa déposition, juste des bribes, rien de précis. Elle déclare que les enfants n'ont pas menti, qu'il faut nous croire... En revanche, je me souviens de l'audition de mon père, car il nie les faits. Il rejette tout. On voit rarement son visage, il a toujours les mains devant. Il ne regarde personne, il est fuyant. Nous n'échangeons rien, pas même un regard.

Le mardi 18 mai 2004 en fin d'audience, ma mère demande soudainement la parole. À la surprise générale, elle se tourne vers les accusés, les uns après les autres, et leur déclare qu'elle s'excuse d'avoir menti. La scène dure peu, mais elle vient de se rétracter et d'innocenter à la face du monde treize de ses coaccusés.

C'est la douche froide, je m'en souviendrai toujours. Je suis stupéfait. Pourquoi a-t-elle dit ça ? Psychologiquement, c'est terrible, parce que cela revient à ce que notre propre mère nous accuse, en plus de ce que nous avons subi, d'être des menteurs. Un avocat de la défense, c'est son rôle, mais notre mère... Éric Dupond-Moretti et Franck Berton notamment sautent sur l'occasion et en profitent pour affirmer qu'ils ont raison, que nous avons menti, que leurs clients sont innocents, etc. Pour eux, c'est Noël avant l'heure. Je n'ai pas de souvenir précis de ce qui se passe ensuite, à part qu'on nous sort immédiatement de la salle étant donné la stupéfaction générale. L'audience est suspendue.

Sa rétractation déstabilise beaucoup de monde, surtout nous, les enfants, d'autant plus qu'elle confirme ses dires le lendemain, à l'ouverture de l'audience. Ils sont actés par la greffière. Que s'est-il passé pour que ma mère effectue une telle volte-face ? Pense-t-elle obtenir un traitement de faveur en échange ? Y a-t-il eu marchandage ? Cela paraît impossible, même si dès le 19 mai 2004, c'est-à-dire à peine quinze jours après le début du procès et le lendemain de la rétractation de ma mère, Jean-Claude Marin, le directeur des affaires criminelles et des grâces au ministère de la Justice, écrit ceci :

Par ailleurs, le ministère public fait état de discussions lors des suspensions d'audiences entre les avocats de la défense y compris ceux qui ont des intérêts opposés et entre ces mêmes avocats ainsi que ceux de la partie civile lui laissant un sentiment de tractations particulièrement déplaisant.

Il ajoute :

Le renvoi ainsi décidé est intervenu notamment au regard du nombre de personnes mettant en cause les accusés, les circonstances des accusations et les conclusions des expertises diligentées :
– concernant le faisceau de témoignages concordants. (Pour une lecture d'ensemble, le tableau figurant en annexe permet d'apprécier immédiatement que les accusations ne reposent pas uniquement sur les déclarations de Madame Badaoui et de Madame Grenon, et que la spontanéité de leur rétractation laisse interrogateur).

Ma mère s'est rétractée la veille du week-end de l'Ascension, c'est donc le lundi, à l'audience suivante, en début d'après-midi, qu'elle demande de nouveau à prendre la parole. La greffière acte alors la déclaration suivante :

Je veux revenir sur mes déclarations, mes enfants n'ont pas menti. On a détruit la vie des enfants, les accusés, à part Monsieur Christian Godard, ont bien participé aux viols sur les petits. Il faut croire à la parole des enfants. J'ai violé mes enfants, mais je n'étais pas toujours chez moi, mais je savais ce qu'il se passait, je me battrai jusqu'au bout.

C'est de nouveau la stupeur générale et on nous sort de la salle. La séance est suspendue le temps que la situation se calme. Nous revenons ensuite.

Pourquoi ce dernier revirement ? A-t-elle réalisé que sa rétractation ne la ferait pas échapper à la prison ? Est-ce une mère qui se réveille après ce qu'elle a fait subir à ses enfants ? Aujourd'hui encore, cela reste un mystère. En tout cas, si elle voulait que plus personne ne la croie, c'est réussi. Néanmoins, le mal est fait vis-à-vis des médias, du public, de la Justice, et même du monde entier : nous sommes des enfants menteurs, c'est ce qui sera retenu. C'était clairement l'objectif des avocats de la défense. Et les médias suivront, quasiment comme un seul homme. En effet, j'ai constaté par la suite en lisant des articles consacrés à l'affaire que, bizarrement, ma mère ne ment pas lorsqu'elle parle dans le sens de la défense, mais qu'elle « délire » quand elle va dans celui des accusations. Réalité médiatique à géométrie variable ? Biaisée ? Comme ce procès ?

Hachage d'experts

Comme la défense semble faire la pluie et le beau temps dans ce procès, les avocats peuvent user et abuser contre les enfants et les experts de cette technique redoutable consistant à ne pas laisser terminer la réponse en interrompant constamment par une nouvelle question. Le résultat est forcément décousu, et la personne sur le grill finit par s'embrouiller dans ses propos. Ils peuvent alors conclure par un « Vous voyez, il/elle ment » triomphant.

Sachant le poids que représentent les expertises menées sur nous, ils vont donc tout tenter pour les écraser, jusqu'à mettre en accusation les experts, avec succès. Pourtant, voici ce qu'indique le *Rapport fait au nom de la commission d'enquête chargée de rechercher les causes des dysfonctionnements de la justice dans l'affaire dite d'Outreau et de formuler des propositions pour éviter leur renouvellement*, cité ci-dessus, au sujet des expertises faites en 2001 concernant les enfants :

> Au cours de son audition devant la commission d'enquête, le 23 février 2006, l'expert [Marie-Christine Gryson-Dejehansart] a expliqué la méthode suivie : « Sans porter de jugement sur qui que ce soit, je me suis attachée à dresser un récit traumatique objectif, sur la forme. Il y avait reviviscence visuelle, kinesthésique, auditive. Quant au contenu, j'ai appliqué l'échelle de validité universelle SVA, qui montrait que l'enfant était crédible. » Sur le premier aspect, Mme Marie-Christine Gryson-Dejehansart, donne l'explication suivante : « Un enfant qui revit une scène traumatique ne peut pas fabuler, tandis que celui qui fabule est dans un état de contrôle total de l'autre et de lui. S'il y a reviviscence d'une scène traumatique, c'est un indice de validité extraordinaire. » L'échelle de validité universelle se présente de la façon suivante : « l'échelle de validité SVA permet de repérer les critères suivants : vraisemblance, cohérence, enchâssement contextuel, évocation de ses états psychologiques, évocation des spécificités des actes sans comprendre la finalité ; interactions sexuelles ; détails périphériques. »
>
> Cette méthode a eu la même efficacité que celle utilisée par M. Michel Emirzé pour identifier les traits d'abuseurs sexuels : **tous les enfants ont été présentés comme crédibles.**[18]

La question de notre crédibilité est d'importance, car elle peut conduire des innocents en prison. En conséquence, tandis qu'apparaissent de nouvelles accusations, le procureur de la République de Boulogne-sur-Mer, Gérald Lesigne, affirme lors de

---

18. En gras dans le texte original.

son audition par la commission d'enquête le 9 février 2006, avoir « fortement » sollicité auprès du juge d'instruction le recours à de nouvelles expertises. Elles ont lieu en 2002 et y participe Jean-Luc Viaux, docteur en psychologie, professeur de psychopathologie, expert agréé près la Cour de cassation :

> M. Jean-Luc Viaux a eu recours à des tests et des techniques s'appuyant sur la littérature spécialisée nationale et internationale. En particulier, lors de leur entretien avec le psychologue, « les enfants ont été sollicités de s'exprimer sur leur perception du vrai et du faux à partir de situations banales et de faire un récit libre sur un événement récent. » (Extrait de la présentation méthodologique des quatre expertises effectuées). Les experts précisent, par ailleurs, dans leur présentation du rapport, qu'« aucune question directe sur un événement figurant au dossier et non évoqué par l'enfant n'a été posée. »
> Les conditions semblaient avoir été réunies pour produire une expertise présentant une plus grande fiabilité que les précédentes. Les conclusions, identiques pour les quatre enfants dans la presque totalité des réponses, ont été les suivantes : l'enfant « n'est en aucune façon mythomane », il « n'a pas de tendance pathologique à l'affabulation » ; « aucun élément de nos examens ne permet de penser que [l'enfant] invente des faits, ou cherche à imputer des faits à des personnes non concernées ; son témoignage reste mesuré, discriminant ses agresseurs du reste des autres personnes mises en cause, avec constance et cohérence ; l'enfant a une perception de la réalité qui est celle de toute personne non délirante : il distingue le vrai du faux, le réel du rêve ; aucune étude publiée à la connaissance des experts n'indique qu'il y ait des troubles perceptifs ou une inadaptation à la réalité

conséquents aux abus et violences sexuelles ; les déclarations de l'enfant sont suffisamment cohérentes et répondent à des critères de validité habituellement acceptés dans la littérature spécialisée. » Ces conclusions laissent clairement peu de place au doute sur la crédibilité des enfants dont les propos « discriminants » mentionnent plus de dix personnes parmi les présumés agresseurs.

Néanmoins, M. Jean-Luc Viaux a insisté, au cours de son audition devant la commission d'enquête, sur le fait que le terme de crédibilité ne figurait pas dans ces analyses et qu'il n'avait, par conséquent, pas répondu à la question n° 8 que le juge d'instruction lui avait posée. M. Jean-Luc Viaux précise d'ailleurs avoir « l'habitude » de ne pas répondre à cette question : « Je dis depuis des années, dans les articles que je publie dans des revues scientifiques, que c'est une question absurde. Je suis opposé à l'emploi de ce terme piège, qui entraîne des conséquences. »

De nouvelles expertises sont réalisées en 2004 :

> La question de la crédibilité ne figurait plus dans aucune des missions d'expertise diligentée par le président de la cour d'assises de Saint-Omer, M. Jean-Claude Monier.
> Tous les experts ont reconnu que le temps écoulé depuis les faits invoqués (plus de quatre ans) et la répétition des expertises ne leur permettaient pas d'apprécier la réalité des propos des enfants. La question qui avait été l'élément essentiel du dossier pendant la durée de toute l'instruction se révélait vidée de son sens.

La défense va donc particulièrement s'acharner sur les deux premiers experts. Ainsi, les explications de Marie Christine Gryson

Dejehansart sont sans cesse interrompues par les attaques des avocats, alors que l'usage est que les questions soient rassemblées à la fin de la déposition de l'experte. Le président laisse faire. Tandis qu'elle expose les résultats des quatre expertises effectuées sur mes trois frères et moi, Éric Dupond-Moretti ne la laisse pas terminer. La coupant sans ménagement, il l'accuse même d'être responsable de l'incarcération des accusés et de la mort d'un des prévenus en prison des suites d'une overdose médicamenteuse. Elle s'adresse au président et répond : « Je n'ai pas le pouvoir de mettre des gens en prison. »

Sa deuxième audition est également très compliquée, hachée par les coupures intempestives des avocats, à tel point qu'à 11 heures, elle n'a toujours pas terminé le compte-rendu de la première expertise, alors qu'elle doit en présenter onze dans la matinée. Finalement, elle renoncera à être présente à la troisième audition pour raisons médicales, et le président nommera d'autres experts.

Quant à Jean-Luc Viaux, il est évident qu'il va prendre cher, car voici ce qu'il a osé écrire au *Monde* après le début du procès, qui le publie le 25 mai 2004 :

> Comment les journalistes qui connaissent tant soit peu la machine judiciaire peuvent-ils décider d'eux-mêmes que le témoignage de tel ou tel suffit à innocenter celui-ci et à accuser celui-là ? Comment peut-on soutenir que Mme Badaoui est le lundi une menteuse qui accuse de façon incroyable (...)[19] pour devenir le lendemain une personne parfaitement crédible parce qu'elle innocente ? (...)
>
> C'est une façon d'enterrer un procès qui n'est pas fini, loin de là. (...)
>
> Ce n'est ni M. Delay ni Mme Badaoui qui ont révélé et accusé... Ce sont les enfants dont les propos révèlent

---
19. Les coupures proviennent du *Monde*.

et accusent. Et, sauf erreur, ils n'ont pas encore dit qu'ils retireraient ce qu'ils ont soutenu devant la cour.

Qui a menti dans cette procédure ? Les adultes – seulement les adultes et beaucoup d'adultes. Ce n'est pas Mme Badaoui qui accuse M. [X][20] d'inceste, mais son fils : cette accusation est-elle levée par la nouvelle version de Mme Badaoui ? (...)

Ce ne sont pas les enfants qui ont changé trois fois de version en huit jours, mais Mme Grenon. Le témoignage des enfants est intact à ce jour. C'est un mensonge de prétendre que leur parole a été « sacralisée » dans cette affaire, comme vous le savez, puisque vous avez eu en main les expertises et que vous en avez publié des extraits.

Ce ne sont ni ces enfants ni le couple Delay qui sont allés chercher la presse dans cette affaire, pour faire pression de façon désordonnée sur le juge. Il était jeune, écrivez-vous, et alors ? Comment un juge, jeune ou vieux, peut-il travailler sereinement quand le moindre de ses actes de procédure se trouve le lendemain publié dans la presse ou à la télévision ? Balayez donc devant la porte des médias avant de piétiner la justice : qui vous a remis le dossier d'instruction ? Dans quel but ? Qui manipule depuis le début pour disqualifier les propos des enfants – qui ne se résument pas aux enfants Delay. (...)

Les journalistes ont le droit, comme tout un chacun, de penser que ces gens sont innocents – c'est respectable. Mais fonder l'erreur judiciaire sur les revirements successifs de deux personnes, dont finalement le rôle dans cette affaire reste à élucider, c'est quand même étonnant. Il y a peut-être des innocents... des erreurs de procédure comme dans toute affaire, mais attendons la fin, au lieu de démolir d'un revers d'émotion ce que vous défendez par ailleurs tout au long de l'année.

---

20. Nom masqué par nous.

Le très long travail de centaines de professionnels pour faire reconnaître que des enfants sont victimes, qu'il faut les écouter, qu'il faut solidifier un dispositif de recueil de la parole de l'enfant, vont s'effondrer parce que, de haut en bas, la journalistique française brûle sur la foi d'une parole hystérique ce qu'elle a adoré.

Je suis en colère, et j'ai le droit de l'être. Pas parce que je suis expert dans cette affaire – ce qui me donne tout juste le droit de me taire – et que je n'ai aucune conviction sur la culpabilité d'un tel ou d'un tel – ce n'est pas ma mission. Mais parce que de rapports en commissions, de propositions en projet, je me bats pour qu'un vrai dispositif de professionnels formés soit mis en place, pour que les experts soient formés, pour qu'on cesse de mythifier les savoirs psy, pour qu'on ne martyrise plus les enfants devant les cours d'assises.

Évidemment, un expert qui ose demander « qu'on ne martyrise plus les enfants devant les cours d'assises » ne peut qu'être lynché par les avocats de la défense, car son accusation les vise directement. C'est même une déclaration de guerre. Alors, Franck Berton l'accuse d'avoir manqué à ses obligations déontologiques avec ce courrier. Lui et ses confrères exigeront sa radiation de la liste des experts.

Pourtant, lorsqu'un enfant de neuf ans est « cuisiné » par Éric Dupont-Moretti pendant plusieurs heures, au point qu'il se fait pipi dessus de peur, est-ce normal ? Je ne suis pas présent à ce moment-là, mais c'est suffisamment important pour être signalé dans le dossier judiciaire. Quelle « vérité » peut sortir d'un tel interrogatoire ? Comment un tribunal et ses propres avocats peuvent-ils laisser martyriser un enfant de la sorte ? Qui peut croire que cela sert la justice ? Et quelles seront les stigmates sur l'enfant, qui risque d'en être marqué à vie, en plus de ce qu'il a pu subir ?

Il a d'ailleurs été écrit que ce procès devenait ingérable au fil du temps. Non, il a été parfaitement géré par ceux qui prirent le pouvoir, puisqu'on les laissa faire. Étrange conception de l'équité et du respect des droits de chacun. Il est facile ensuite de parler de « désastre judiciaire » ou du « fiasco d'Outreau », en chargeant le juge d'instruction, les experts, les enfants..., mais nous y reviendrons.

Coupables d'avoir accusé
Pendant les suspensions d'audience, les avocats de la défense se ruent vers la sortie pour abreuver les médias de leurs déclarations. C'est inéquitable vis-à-vis de nous, les enfants, car nous ne bénéficions pas de ce privilège. Seuls nos deux avocats ont la charge de communiquer à la presse les informations nous concernant, mais ils sont peu audibles, en tout cas pas assez. De toute façon, comment peuvent-ils faire le poids face à la masse de leurs confrères ? De même, ni la directrice du Conseil général, ni les assistantes sociales ne doivent divulguer d'information sur nous, ce qui laisse à la défense le quasi-monopole de la parole pour façonner l'opinion publique. Et nous, nous ne pouvons pas pleurer en direct devant une caméra de télévision en émouvant la France entière. Cela pose question sur l'équité de ce genre de procès.

Contribue également au désastre judiciaire ce spectacle perpétré par les avocats de la défense qui engloutissent absolument tout sur leur passage. Leur stratégie est bien ficelée : elle consiste à renverser la situation à chaque instant. Autrement dit, à inverser les rôles. Leur but vise à nous faire passer pour des enfants capables de raconter tout et n'importe quoi, des enfants menteurs... D'ailleurs, la Justice ne nous a-t-elle pas installés dans le box des accusés ?

Nous devenons coupables d'avoir dénoncé. Ce fut difficile à assumer et cela contribua à la suite des événements, comme nous le verrons dans les prochains chapitres.

Un verdict tant attendu

Nous sommes au tribunal en ce dernier jour. Il nous a été expliqué le principe du délibéré et ce qui va se passer. Installé dans une pièce adjacente avec les autres enfants, je me souviens que l'attente est interminable. En effet, les jurés doivent débattre et répondre à mille cinq cents questions, le délibéré dure quinze heures.[21]

Enfin, nous pénétrons dans la salle d'audience. Du haut de mes dix ans, j'attends ce moment depuis le début, afin que soient punis tous ceux qui le méritent, en qui nous avions confiance, qui nous ont volé notre enfance, même si, à dix ans, ce n'est pas ainsi que je l'exprime. En tout cas, je sais par les discussions avec mes camarades de classe que je n'ai pas (eu) la même vie qu'eux.

Lorsque le président fait son entrée dans la salle, il plane comme un silence de mort.

C'est le moment ultime. Après deux mois de procès, des dizaines de personnes à la barre, des débats tumultueux et des séances interminables, le verdict tombe. Enfin.

Sont condamnés :
– Mon père, Thierry Delay : vingt ans de réclusion criminelle avec suivi judiciaire pendant dix ans et injonction de soin.
– Ma mère, Myriam Badaoui : quinze ans avec suivi judiciaire et obligation de soin.
– Dominique Wiel : sept ans d'emprisonnement.
– David Delplanque : six ans d'emprisonnement.
– Franck Lavier : six ans d'emprisonnement.
– Aurélie Grenon : six ans d'emprisonnement.
– Thierry Dausque : quatre ans d'emprisonnement et trois années de mise à l'épreuve.

---

21. Source : « Compte-rendu d'entretien avec Monsieur Jean-Claude Monier, Président de chambre à la cour d'appel de Douai » par l'Inspection générale des services judiciaires, qui a lieu le 20 janvier 2006.

– Sandrine Lavier : trois ans d'emprisonnement.
– Daniel Legrand fils : trois ans d'emprisonnement, dont un avec sursis et une année de mise à l'épreuve.
– Alain Marécaux : dix-huit mois de prison, couverts par la préventive.
Roselyne Godard, Daniel Legrand père, Pierre Martel, Odile Polvêche, Christian Godard, Karine Duchochois et David Brunet sont acquittés.

Six des dix condamnés font appel de la décision : Dominique Wiel, Sandrine et Franck Lavier, Alain Marecaux, Thierry Dausque et Daniel Legrand fils.

Quoi que j'en pense, que ce soit sur le moment ou même aujourd'hui, il m'est impossible de commenter une décision de justice.
En tout cas, c'est fini.
Il ne me reste plus qu'à retourner dans ma famille d'accueil.

Chapitre 8
Le procès en appel de Paris

Retour à la barre
Il se déroule du 7 novembre au 1er décembre 2005, donc sur trois semaines au lieu de deux mois, au palais de justice de Paris, sous la présidence d'Odile Mondineu-Hederer.

À la demande de la partie civile, ce procès se tiendra à huis clos pour préserver le droit des enfants mineurs. Rien de très surprenant pour une telle affaire.

Dans la salle, un autre point essentiel change : nous n'avons plus à nous faufiler dans le box des accusés. À « notre » place, se tiennent les six personnes qui font appel. Elles sont défendues par au minimum sept avocats, dont cinq qui se sont acharnés à nous martyriser à Saint-Omer. Moi qui pensais en avoir fini avec cette affaire, j'ai peur d'être confronté à ce procès. Je ne veux pas revivre l'expérience précédente. C'est une plaie ouverte encore aujourd'hui.

Je garde peu de souvenirs de cet événement, pourtant j'ai onze ans et demi. Par exemple, je ne me souviens pas de notre avocat. En revanche, je me rappelle du train pris un matin avec d'autres enfants et un membre de leur famille d'accueil. Comme la journée ne suffira pas, nous dormirons à l'hôtel. C'est la première fois de ma vie.

Seul à la barre
Au moment où je m'approche, la présidente me demande de me présenter. Je ne suis pas plus à l'aise qu'à Saint-Omer. De temps en temps, mon regard se porte en direction de mes parents, même

s'ils ne sont pas jugés. Comment en sont-ils arrivés là ? Aucun enfant de notre âge ne devrait subir une telle violence.

Mon père continue de ne pas me regarder. Ma mère, si. Lui a toujours ce regard fuyant, c'est frustrant. Il ne laisse rien transparaître. Que peut-il bien penser ? Pourtant, il avait le sourire quand il amassait de l'argent en nous faisant violer. Je ressens de la honte, du mépris, et même de la haine vis-à-vis d'eux et de ceux que j'accuse.

La présidente me pose des questions similaires à celles du précédent procès. Les avocats de la défense enchaînent les mêmes contre-attaques. Deux à trois d'entre eux se tiennent en permanence face à moi pour me mitrailler de questions, et sont relayés par les autres au fur et à mesure. C'est impressionnant, y compris physiquement, ils sont comme une meute, je ne dirais pas « la bave aux lèvres », mais presque. À l'époque, je ne suis qu'un petit garçon ; comment réagirais-je aujourd'hui ?

Je tente de faire face et de tenir. Malheureusement, je n'ai pas de baguette magique pour tout effacer et faire comme si rien ne s'était jamais produit. Alors je continue de raconter ce que j'ai vécu. Ou ce que je « crois » avoir vécu, selon la défense. En effet, ils poursuivent leur manège pour tenter de me déstabiliser. Même s'ils maintiennent la pression, je ne me souviens pas de questions aussi déplacées qu'à Saint-Omer, avec la couleur du papier-peint... En revanche,

> Au procès en appel à Paris, l'avocat général Yves Jannier va jusqu'à demander à l'un des enfants Delay s'il a été « violé par des Martiens », selon des propos rapportés par les parties civiles après l'audition, qui se tenait à huis clos.[22]

---

22. *Pourquoi la vérité judiciaire d'Outreau est mise en doute*, Catherine Fournier, France Télévisions, 18 mai 2005.

Sincèrement, je n'ai pas de souvenir précis de ce moment, je préfère donc ne pas le commenter. Est-ce même nécessaire ?

Le saint expert à la barre
À Paris comme à Saint-Omer, tout est tenté par les avocats de la défense pour détruire les experts, car ils arrivent tous à la même conclusion quant à notre crédibilité, d'autant plus que nous ne racontons pas seulement ce que nous avons subi, mais nous mimons les scènes, nous les revivons. Or, ces experts peuvent influencer défavorablement les jurés contre leurs clients.

La défense va alors tirer le lapin Paul Bensussan de son chapeau, qui jouera un rôle déterminant. Expert psychiatre[23], il vient pour argumenter sur les failles des expertises de ses confrères, « notamment l'absence de prise en considération du contexte dans lequel avaient surgi certaines révélations »[24]. « Certaines révélations » ? Cela signifie donc « pas toutes », et il y a aussi les aveux des adultes, les attestations médicales des sévices que nous avons subis, et nous avons bien été reconnus comme victimes. De toute façon, il parle de nous, mais, de tous les experts, c'est le seul qui n'a examiné aucun des enfants. Évidemment, il n'est pas là pour ça, mais sa parole couvrira néanmoins celle de tous les experts.

Il sera même auditionné le 5 avril 2006 par la Commission d'enquête parlementaire chargée de rechercher les causes des dysfonctionnements de la justice dans l'affaire d'Outreau, où il « souligne notamment le poids excessif de l'expert psychiatre dans le procès pénal et le rôle joué par les associations et l'idéologie dans ce qu'il nomme "la sacralisation" de la parole des enfants et qu'il estime être des "dérives dramatiquement illustrées par l'affaire d'Outreau" ».

---
23. Https://paulbensussan.fr.
24. Source : https://fr.wikipedia.org/wiki/Paul_Bensussan.

Non, notre parole n'a pas été sacralisée. Au contraire. Rodolpe Costantino, défenseur d'enfants victimes, constate dans un colloque à la faculté d'Assas en février 2011 : « Jamais comme à Outreau la parole des enfants n'a été à ce point piétinée. »[25] Quant aux « dérives », nous y reviendrons. Peut-être ne sont-elles pas celles qu'il est de bon ton de dénoncer.

Les médias à la barre
Il n'y a pas que les attaques des avocats, mais aussi celles des journalistes. Dans notre dos, ils jouent un rôle de premier plan dans la façon dont la parole des enfants a été et est désormais discréditée. Au procès de Paris, c'est encore pire qu'à Saint-Omer, car non seulement nous n'avons pas accès aux médias, mais les avocats de la défense profitent du fait que les audiences se passent à huis clos pour raconter ce qu'ils veulent. Et déjà préparer l'opinion publique au verdict final.

Ainsi que le rappellera plus tard Catherine Fournier pour France Info, à l'occasion du procès de Rennes, dans un article intitulé *Pourquoi la vérité judiciaire d'Outreau est mise en doute* :

> Douze enfants ont été reconnus victimes dans l'affaire Outreau. Et pour ceux qui les représentaient à l'époque, avocats et associations, personne ne s'en souvient. Peut-être parce qu'à l'inverse des acquittés, ils n'avaient ni nom, ni visage. Pour les protéger, ceux-ci n'avaient pas été révélés dans les médias. « Douze mineur(e)s ont été totalement évacué(e)s du champ médiatique. Disparues, ces victimes ! Pendant dix ans, elles ont été diffamées, accusées de mensonges, sans pouvoir répondre puisqu'elles n'étaient pas majeures », écrit le journaliste Serge Garde, coauteur d'un

---
25. Cité dans *Outreau, l'autre vérité*, film de Serge Garde.

livre avec Chérif Delay (1), l'une des douze victimes, sorti de l'anonymat en 2011.[26]

« ...il est poisseux, il est visqueux »
Notre protection s'est retournée contre nous, et nous continuons d'en payer le prix : nous sommes toujours considérés comme des menteurs, même si beaucoup de personnes ont commencé à évoluer, notamment grâce au documentaire de Serge Garde, intitulé *Outreau, l'autre vérité*.

Sans surprise, ce n'est pas la tasse de thé d'Éric Dupont-Moretti, ainsi que le rapporte *Libération* :

> « Il y a toujours un doute pour les gens qui voient le complot partout, il y a toujours des gens qui pensent que les tours du World Trade Center ne se sont pas effondrées. Ce film est d'une absolue malhonnêteté », a réagi sur Europe 1 Éric Dupond-Moretti, qui défendait dans cette affaire Roselyne Godard, surnommée « la boulangère », une des treize acquittés d'Outreau. « On n'a pas été voir les acquittés, on n'a pas été voir (leurs) avocats », déplore notamment l'avocat pénaliste, pour qui dans ce film « on n'a pas raconté la véritable histoire ».
>
> « Me Dupond-Moretti a refusé de témoigner dans le film et maintenant, il m'accuse de partialité parce que sa parole n'est pas dans le film », a réagi Serge Garde, joint par l'AFP.

Pourquoi le célèbre avocat, qui n'est pourtant pas avare de sa présence dans les médias depuis longtemps, a-t-il refusé de témoigner dans ce film ? D'autres avocats de la défense ont

---

26. *Pourquoi la vérité judiciaire d'Outreau est mise en doute*, Catherine Fournier, FranceInfo, 18 mai 2005. (1) *Je suis debout*, Chérif Delay, Le Cherche-Midi, 2011.

également fait de même, ainsi que le psychiatre Paul Bensussan. Qu'avaient-ils à craindre ?
L'article continue ainsi :

> « Dans ce film partial s'engouffre le juge Burgaud, qui vient se faire réhabiliter à peu de frais », accuse aussi Me Dupond-Moretti. Le juge d'instruction témoigne dans ce film pour la première fois depuis son audition devant la commission d'enquête parlementaire. La Chancellerie n'a fait aucun commentaire sur ce témoignage. Pour l'avocat, « ce film, il est poisseux, il est visqueux », « c'est le soupçon qui est lancé » sur les acquittés, « la loterie de la culpabilité ».[27]

Devons-nous penser que ni lui ni ses confrères ni le psychiatre n'ont les arguments pour stopper définitivement « le soupçon qui est lancé » ?

Le procureur général à la barre
Il semble clair depuis longtemps que tout est joué d'avance et que l'acquittement sera demandé pour tous. Il est dès lors étonnant que, comme pour en verrouiller l'issue, il se produise un phénomène anormal, exceptionnel, avant même la délibération du jury. Pour commencer, le réquisitoire de l'avocat surprend, en premier lieu la présidente du tribunal, ainsi que le relate Florence Aubenas :

> Il faut faire un effort et revenir en arrière, devant la cour d'assises de Paris, le 30 novembre dernier, vers 18 heures. Les six derniers accusés du procès d'Outreau y sont alors jugés en appel depuis un mois, et l'avocat général Yves Jannier

---
27. *Un documentaire sur Outreau provoque la colère d'un des avocats de l'affaire*, AFP via *Libération*, 5 mars 2013.

vient de demander, solennellement, leur acquittement. Non au bénéfice du doute, a martelé le magistrat, mais bien « parce qu'ils sont innocents ». La démarche est rare, très rare, si rare que c'est même la première fois qu'Odile Mondineu-Hederer, la présidente, l'entend devant une cour d'assises.[28]

Ce qui suit est encore plus surprenant et constitue probablement une anomalie en terme de procédure, dont on peut se demander si elle n'aurait pas dû entraîner son annulation. Voici comment Florence Aubenas relate les faits :

> Ce fameux 30 novembre, une heure avant le réquisitoire de Jannier devant les assises, Bot avait appelé Mondineu-Hederer. [...]
> Bot explique alors à Odile Mondineu-Hederer que lui aussi viendra à l'audience, compléter les réquisitions d'Yves Jannier, dit-il. Cela aussi, c'est tout à fait exceptionnel. Mais dans l'affaire d'Outreau, qu'est-ce qui ne l'est pas déjà devenu ? Alors, à l'audience, Bot à son tour se lève, demande lui aussi l'acquittement, puis se rassoit. Aussitôt après, Odile Mondineu-Hederer suspend l'audience. Elle a décidé que les jurés délibéreraient et rendraient leur verdict le lendemain. « Nous nous sommes retirés. Je suis allée dans mon bureau, puis j'ai voulu revenir vers la salle d'audience récupérer mes petites affaires. Quelle n'a pas été ma surprise d'y trouver alors Bot et la presse ! » Devant les caméras, le procureur général est en train de présenter ses « regrets » à ceux qui ne sont pas encore acquittés.
> « Le lendemain matin, quand nous sommes revenus, les jurés étaient extrêmement troublés par ce qu'ils avaient vu

---

28. *Une juge passe un savon au parquet*, Florence Aubenas, *Libération*, 2 mars 2006.

au journal de 20 heures, se souvient Mondineu-Hederer. Ils se demandaient si c'était encore nécessaire qu'ils décident. Imaginez ce qui se serait dit si les avocats s'étaient servis de la salle des assises pour tenir conférence de presse. » Et elle conclut : « Oui, la confusion des rôles chez les magistrats, je l'ai vécue. »

Comment un procureur général peut-il exprimer ses regrets aux accusés avant même la délibération du jury et le prononcé du verdict ? De ce fait, il engage – pour ne pas dire « force » – les jurés à adopter pour l'ensemble des accusés la conclusion qu'il leur impose, contre tout respect de leur mission à décider pour chaque cas et aussi du droit des victimes.

Yves Bot se justifiera ainsi devant la commission d'enquête parlementaire :

> L'audience était terminée, tout le monde avait quitté la salle. Restaient les journalistes qui étaient présents depuis trois semaines. Ils m'ont posé des questions. J'ai enlevé ma robe, je leur ai répondu et je suis parti. Si je l'ai fait, c'est qu'il me paraissait obligatoire que l'opinion publique sache pourquoi le procureur général de Paris avait adopté cette attitude inhabituelle.

Ce qui fait dire à Michel Gasteau :

> Il y en a un qui aurait dû être poursuivi devant le Conseil supérieur de la magistrature, c'est Monsieur Bot. Cette attitude... enfin, c'était un mépris pour la souveraineté populaire, un mépris pour les juges indépendants. Eh bien, lui n'a pas du tout été poursuivi, il a été promu procureur à la Cour de justice européenne. La politique était venue se mêler

dans ce procès. Il n'y avait pas besoin de ça. Cela pouvait tout à fait être tranché, fût-ce par un acquittement général, mais un acquittement général qui n'aurait pas été fait sous la contrainte, sous la pression politique.

Voilà la cerise : le procureur a osé faire demander à la présidente de la Cour d'assises de ne pas délibérer plus de trois heures pour que le résultat puisse être annoncé par Monsieur Clément à la télévision au Journal de 13 h. C'est à vomir.

Finalement, le délibéré dure environ huit heures et le ministre de la Justice aura bien son direct à la télé, mais au Journal de 20 h. N'est-ce pas mieux pour faire de l'audience ? Accessoirement, n'est-ce pas mieux aussi pour la justice que les jurés aient pris le temps nécessaire pour délibérer ? Néanmoins, pourquoi ont-ils eu besoin de tant de temps, alors que tout était déjà réglé ou presque pour les avocats de la défense, l'avocat général, le procureur général et les médias ?

À l'exception de mes parents et du couple de voisins, puisqu'ils n'ont pas fait appel du jugement de Saint-Omer, les six sont acquittés, avec les excuses de la République française, jusqu'au chef de l'État, Jacques Chirac, et du Premier ministre, Dominique de Villepin. À ce moment-là, qui se soucie de nous, les enfants victimes ? En fait, l'opinion publique a été retournée : nous sommes coupables d'avoir contribué à envoyer des innocents en prison. Nous en paierons les conséquences. Lourdement.

Chapitre 9
Une nouvelle famille d'accueil

Placement de commerce

Lorsqu'un enfant est placé dans une famille, il est fortement déconseillé de lui porter une trop grande affection. En quelque sorte, il faut garder une « barrière de sécurité sentimentale », puisque les assistantes sociales peuvent être amenées à tout moment à le récupérer, parfois même sans aucune raison évidente.

Certaines familles d'accueil considèrent le placement comme le moyen de se faire de l'argent. C'est leur activité, leur métier, c'est un revenu. En effet, un enfant peut constituer une ressource financière significative, premièrement pour la famille d'accueil, deuxièmement pour l'institution à laquelle il est confié.

La façon peu transparente dont cela semble géré ne me permet pas de vous communiquer les chiffres exacts. En effet, il me fut impossible d'obtenir une réponse de la part du Conseil général. Sans doute parce que l'argent est un sujet tabou en la matière. Néanmoins, en creusant le sujet, j'ai appris que les revenus mensuels par enfant au sein d'un foyer s'élevaient entre 1 200 et 1 500 euros.

De façon générale, un enfant est placé par une institution et suivi par une assistante sociale. Celle-ci sert de garante à son bon développement. Une visite est prévue à cet effet tous les mois, voire tous les deux mois. Ce bilan permet principalement de relever les points positifs ou négatifs chez l'enfant. Et de prendre des décisions.

Départ sans préavis

Ma famille d'accueil ne s'est pas préparée à ce que je parte rapidement, moi non plus. Lors d'un énième passage de l'assistante sociale, l'heure est venue de parler de mon départ. Selon elle, étant donné ce qu'ils ont traversé durant ces six années avec moi, il est préférable de nous séparer. Pour leur bien et le mien, je dois les quitter. Je ne vous raconte pas le coup de massue. Je suis dévasté. Malgré ce que je subis – j'en reparlerai brièvement –, je me suis attaché.

Je vis la situation comme un échec de plus, me sentant trahi, abandonné par ceux qui sont devenus « ma nouvelle famille » et m'ont tant appris. Comme si la situation n'était pas déjà assez douloureuse et compliquée, nous nous heurtons à un problème de taille : mon âge. Trouver une famille d'accueil peut prendre du temps, mais placer un pré-adolescent de douze ans jugé difficile s'avère compliqué.

Ce qui est frustrant, c'est de ne pas avoir notre mot à dire. Comme si nous n'existions plus. Et faire confiance à des inconnus qui ne connaissent rien de notre vie est compliqué.

Quelques semaines s'écoulent, avant que Madame Martin m'annonce que l'on m'a trouvé une nouvelle famille. Je la rencontrerai dans quelques jours. Madame X, l'assistante sociale, m'accompagnera. Autant vous dire que l'idée me terrifie. Je ne m'attendais pas à ce que cela arrive si vite.

La rencontre est fixée au samedi suivant. Je connais déjà la chanson. Nous nous présentons et discutons. Madame X repart, car elle doit me laisser passer un après-midi seul en leur compagnie, sans que nous soyons influencés par sa présence.

C'est, en apparence, une petite famille agréable. Elle accueille déjà un garçon de mon âge, marqué lui aussi par plusieurs années de placement. Cet après-midi-là, tout se passe bien. Cependant, lorsqu'on connaît le système, on apprend à ne pas se fier aux apparences. Il est convenu que nous dînions ensemble le soir même, afin que les deux familles d'accueil fassent connaissance. De mon côté, je continue de jouer avec le garçon jusqu'au repas, puis l'heure du retour sonne.

Dans la voiture, nous entendons les mouches voler. Je suis triste et fâché. Et pas spécialement pressé de quitter la famille Martin. Sur « quoi » vais-je tomber ? Cependant, peut-être est-il temps de découvrir autre chose ? Un sentiment désagréable s'empare de moi. Il ne dure pas longtemps : on prépare déjà mes affaires.

Tout est à reprendre. Je dois quitter ces années dans cette famille, mes camarades de classe, ma chambre, mes souvenirs, mes habitudes, mes rêves... Oui, j'ai aussi des rêves.

Je pense que les adultes oublient à quel point un enfant est capable de ressentir et de souffrir. Tout ce qui m'entoure jusqu'alors n'est plus qu'une page qui se tourne. Un chapitre qui se termine.

Signer les quelques papiers par l'une et l'autre famille en présence de l'assistante sociale n'est qu'une simple formalité.

Comblé chez les Combes

Me voici dans cette nouvelle famille d'accueil, les Combes (nom d'emprunt), à partir d'avril 2006. J'ai presque douze ans. Attristé par la séparation, je voudrais du temps pour m'adapter à cet univers différent. Néanmoins, l'heure n'est pas aux lamentations, car tout s'enchaîne très vite. Il faut, entre autres, me trouver une école. Je dois me refaire des amis, mais il est difficile de se faire accepter en arrivant deux mois avant la fin des cours. D'ailleurs, cela s'en ressent, car rien ne va en classe, mes notes sont mauvaises. Et il est souvent écrit dans mon carnet de correspondance que je ne cherche qu'à me faire remarquer. Je ne sais pas pourquoi. Ma nouvelle famille me fait vite comprendre qu'elle devra prendre des mesures si mon comportement ne change pas. La situation commence déjà à se tendre.

Il n'y a pas que l'école qui pose problème, mais aussi les crises de jalousie de la part du jeune garçon à la maison, Pierre (nom d'emprunt). Avec le temps, je finis par comprendre : il vit dans cette famille depuis sa plus tendre enfance. Il a le sentiment que je prends une place qui n'est pas la mienne, c'est-à-dire la sienne. La conséquence est qu'il commet des bêtises pour que je me fasse punir à sa place. Il plane dans sa tête comme une sorte de rivalité entre nous.

Je suis un peu le chouchou de notre mère d'accueil, lui celui du père. Elle tente à plusieurs reprises de lui expliquer qu'elle ne le met pas de côté, mais, étant donné que je suis arrivé depuis peu, elle doit passer davantage de temps avec moi, afin de me connaître mieux et me comprendre.

J'apprends de nouvelles choses, comme prendre le bus pour me rendre à ma nouvelle école ou me promener seul, ce que je ne faisais plus depuis que j'avais quitté le domicile de mes parents.

Le souci est que les crises de Pierre ne s'arrêtent pas. Un jour, Mme Combes sort faire des courses. Nous restons seuls avec son mari. Sans aucune raison, il m'envoie dans ma chambre. Ne comprenant pas pourquoi il est injuste, je me mets à pleurer. Il m'expédie Pierre pour me demander d'arrêter. Ce dernier ne se contente pas de me le dire : il m'assène un gros coup de pied au poignet. Je hurle de douleur. M. Combes monte dans ma chambre. Sans même chercher à comprendre, il me donne une fessée.

Je reste dans ma chambre à pleurer en silence, attendant que sa femme rentre. À son retour, elle monte me voir et me gronde. Elle n'essaie pas même de connaître ma version. Finalement, je peux lui expliquer ce qui s'est passé et lui montrer mon poignet extrêmement gonflé. Ne pensant à rien de grave, ils me laissent dans cet état toute la soirée. Au repas, l'ambiance est détestable.

Je passe une nuit horrible. Au matin, je ne me sens pas bien, mais je continue de souffrir silencieusement. Inutile d'en reprendre une avant la route. Nous devons participer à un vide-grenier dans l'après-midi. Le couple fait partie du comité municipal de la mairie, et s'est engagé à venir à l'avance pour tout installer. Une fois sur place, il faut procéder au plus vite, car les premiers visiteurs arrivent déjà.

M. Combes ne cesse de me disputer, excédé par ce qu'il considère ma lenteur. En milieu d'après-midi, je n'en peux plus, la douleur est insoutenable et je finis par le lui dire. Il me répond qu'il est hors de question de s'en aller avant la fin. Je ne comprends pas pourquoi l'un des deux ne pourrait pas m'emmener aux urgences ? En fait, Mme Combes n'a pas le permis ; lui refuse de partir. Je dois attendre la fin de la journée.

Ensuite, il ne veut pas nous déposer aux urgences. Je ne sais pour quelle raison. Craint-il de rater son jeu télévisé préféré devant son apéro ? Il nous laisse chez le médecin, une rue derrière la maison. Le diagnostic est immédiat : fracture du poignet. C'est en taxi que nous filons aux urgences.

Après une très longue attente à l'hôpital, me voilà plâtré pour un mois environ. Nous récupérons les papiers à l'accueil et attendons M. Combes, qui s'est décidé à venir nous chercher. Il ne semble pas comprendre pourquoi je me retrouve le poignet dans le plâtre, persuadé que ce n'est que du cinéma pour me rendre intéressant, donc que le médecin s'est fait avoir.

Mes deux parents d'accueil commencent à se disputer dans la voiture. La discorde continue à la maison. Un élément n'arrange pas la situation : M. Combes prend des apéritifs très arrosés. Cela le rend nerveux et agressif. Il lève la main sur moi à la moindre occasion. Ou sans occasion, d'ailleurs. Et violemment : jusqu'aux coups de torchon, qu'il mouille à dessein pour faire mal. Je retrouve ce mode de fonctionnement que je connais trop bien. Quasiment depuis que je suis né.

Sa femme appelle mon assistante sociale, afin de lui expliquer que la situation devient ingérable. Je dois partir.

Cela indispose le Conseil général d'avoir de nouveau à s'occuper de moi. D'ailleurs, en grandissant, je commence à me faire une idée de la façon dont les institutions gèrent les enfants. Par exemple, lorsque mon assistante sociale me rend visite et m'explique que si ma famille d'accueil est incapable de me « coller une bonne gifle » pour que je cesse mes « conneries » – ce sont ses mots –, elle le fera personnellement. Si... si..., elle en est tout à fait capable, et même pire, je peux en témoigner. Néanmoins, je ne comprends pas le rapport : je me plains d'un adulte qui me frappe à coups de torchon mouillé, et c'est moi le problème ? À aucun moment, elle ne m'interroge pour connaître le fin mot de l'histoire. De toute façon, comme elle et d'autres de la « protection » de l'enfance me l'ont déjà expliqué, ils ne sont pas là pour ça. C'est pourquoi j'ai du mal à écrire « protection » sans mettre de guillemets lorsque ce mot est accolé à « de l'enfance ».

De nouveau, l'heure est à déposer une annonce pour me trouver une nouvelle famille. Du moins, c'est ce que je crois. Sur qui vais-je tomber ? Encore le gros lot ?

Cette fois, cela prend moins de temps que je ne le pensais, car il n'est plus question de famille d'accueil. Direction les foyers ou, plutôt, les centres éducatifs renforcés (CER). Tout un programme.

Chapitre 10
En « foyer »

Des joies de la famille d'accueil
Ce qui se passe dans les familles d'accueil et les institutions de l'enfance n'est pas aussi sympathique qu'on l'entend souvent.

Déjà, en ce qui concerne l'argent. Par exemple, à chaque hiver et été, je dois bénéficier d'un budget vêtement de l'ordre de trois cents euros, mais on ne m'en achète que pour cent euros au maximum. Ils mettent le reste dans leur poche. Aucun justificatif ne leur est jamais demandé.

De même, j'ai légalement le droit à quarante euros d'argent de poche par mois, mais je n'en ai jamais vu la couleur dans ma première famille d'accueil. Ainsi, quand je la quitte après presque six ans, c'est avec un pécule de 2 880 € que j'aurais dû partir, c'est-à-dire tout l'argent de poche jamais reçu, qu'ils ont gardé pour eux. Ils me répondront que c'est faux lorsque nous reverrons quelques années plus tard. S'ils ont raison, je me demande bien ce que j'ai pu en faire.

Aucune des deux familles ne m'a jamais emmené au restaurant ou au cinéma. Quand les Martin y vont, ils nous font garder par une femme de la famille, qui n'a pas d'agrément.

Certes, les débuts chez eux sont quasiment idylliques comparativement à là d'où je viens, mais la situation se gâte par la suite. Je supporte aussi les claques, les fessées et les coup à répétition – oui, je parle bien de « famille d'accueil ». Cela dit, j'y suis déjà habitué. En guise de punition, on me fait parfois copier deux mille fois la même ligne. On m'envoie aussi au coin, où je dois rester les bras en l'air. Jusqu'à quatre heures d'affilée. En effet, si je baisse les bras, le compteur repart à zéro. C'est atroce. Comment qualifier cela autrement que par les mots « sadisme » et « torture » ?

Il m'arrive de ne dîner que d'un bout de pain, parce qu'ils n'ont pas envie de préparer ne serait-ce qu'un sandwich ; ou ils mettent un pain au chocolat devant moi et m'interdisent de le manger. Je n'ai pas le droit de me lever la nuit pour aller aux toilettes, et je me retrouve à devoir uriner dans… l'armoire. Au matin, la raclée est telle que je dois improviser une autre solution. J'opte pour le chapeau de pirate. Lorsque Mme Martin s'en rend compte, elle me le jette à la figure sans l'avoir vidé, bien sûr. Est-il impossible de m'acheter un pot de chambre en plastique ? À trois euros ? Et puisque, selon les Martin, je percevais 40 € d'argent de poche par mois, comment n'ai-je pas eu l'idée de m'en acheter un moi-même ? Le pot de chambre finira par arriver.

Je ne vais pas raconter la litanie des sévices et brimades, mais je vous prie de croire que la liste est longue. D'ailleurs, j'entendrai l'une des épouses dire à son mari : « Tu vas trop loin, un jour il se vengera. »

Le CER pour mes onze ans
Ce jour de juin 2006, je m'en souviens comme si c'était hier. Je suis parti jouer sur le grand terrain de foot du quartier. J'aperçois Mme Combes courir du plus vite qu'elle peut en ma direction. Elle me demande de rentrer avec elle, où je suis surpris de découvrir toutes mes affaires déjà prêtes. C'est-à-dire emballées en sac poubelle pour la plupart. Le choc. Je suis là depuis deux mois, c'est déjà terminé, je dois partir. Sans délai, sans préavis, presque sans au revoir. Où est l'assistance sociale ?

L'enfer va recommencer : destination le CER (Centre éducatif renforcé). Me voilà « parqué » dans une structure que je ne connais pas. C'est la première fois que je mets les pieds dans un tel lieu. Tout ce que je vois autour de moi m'effraie. Nous sommes une trentaine de jeunes marqués par les stigmates d'années de traumatisme, le regard vide, condamnés par nos propres souffrances. De plus, comme si cela ne suffisait pas, l'équipe « éducative » s'avère peu compétente à ne serait-ce que nous accompagner. Sa mission semble d'un tout autre genre.

Et encore, je suis loin d'imaginer que je vais devenir la tête de Turc du foyer. Les autres enfants, mais aussi les « éducateurs », ne semblent pas apprécier les gens de couleur. Pourtant, ce n'est pas mon cas, mais ma peau est trop foncée à leur goût. Ils ne se gênent pas pour me le dire. Je suis incapable d'énoncer le nombre d'injures essuyées. Je me fais humilier et insulter à longueur de journée. Et battre. Pas que par les jeunes. Sans autre motif que celui d'exister.

À peine trois mois après mon arrivée, l'agression sexuelle d'un plus grand sur moi les oblige à me faire quitter l'enfer dans lequel ils m'ont plongé. Il faut patienter deux mois avant de trouver une solution. Je subis encore deux fois la même agression. Nous sommes livrés à nous-mêmes. Plus exactement, aux autres. Aux plus forts. Deux mois d'enfance peuvent durer l'éternité. Je m'en étais déjà rendu compte.

Au total, je passe près de six mois dans ce CER. C'est l'une des périodes les plus dures de ma vie. Étrangement, plus encore que ce que je subissais au domicile familial. Peut-être plus encore que ce que je subirai par la suite. Sans doute à cause de ce sentiment de solitude et d'abandon irrépressible. Et de devoir être en mode de survie permanent.

Le Minerai pour mes douze ans
Le Conseil général a alors la bonne idée de me faire quitter le pays, direction la Belgique. Accompagné de ma référente sociale, je suis conduit dans un nouveau foyer, au centre Cerfontaine. Situé dans une petite ville à quinze kilomètres de la frontière française, il est

divisé en une quinzaine de structures pour enfants de tous âges, dont Le Minerai, qui accueille les garçons de huit à quatorze ans.

À notre arrivée, tout est organisé pour nous mettre à l'aise et en confiance. Des biscuits et des boissons fraîches nous sont offerts avant de nous présenter l'établissement. Cela me paraît trop beau pour être vrai. J'ai hâte de pouvoir constater les choses par moi-même. En même temps, je me dis qu'il est impossible de connaître pire que ce que j'ai pu vivre au CER.

J'atterris donc au Minerai, un petit établissement qui accueille quatorze pré-adolescents entre douze et quatorze ans. Tout a l'air sympathique. Et, pour une fois, je me sens bien dans ce lieu où je suis placé. L'établissement dispose d'une salle à manger, d'une cuisine, de chambres à l'étage, d'une salle de télévision, d'une salle de jeux et d'un espace avec des ordinateurs réservés aux devoirs scolaires.

Les éducateurs paraissent gentils avec moi. Or, qui dit « éducateur » dit « éducation ». En réalité, leur gentillesse masque le fait qu'ils sont en phase d'observation. Cela leur permet de savoir à qui ils ont affaire, pour mieux entrer ensuite dans le dur.

De plus, tout est si différent en Belgique. Que ce soit le pays, les habitudes, le système scolaire... Même la langue... Néanmoins, je dois m'intégrer. Une fois de plus.

Reprendre l'école rapidement casse un peu la morosité qui me ronge. Mon professeur est cependant gentil avec moi. Et je saute une classe, car je suis trop en avance par rapport aux autres. C'est dire le niveau...

Finalement, la seule chose qui diffère de la famille d'accueil, c'est la présence des autres. J'ai néanmoins beaucoup de mal à m'adapter. Les règlements sont très stricts, trop stricts. Il y a des horaires pour tout : se lever, se laver, s'habiller, déjeuner, se coucher, dormir, etc. Et ça recommence. Tout se fait toujours tous ensemble. Même les punitions. Quand l'un de nous commet une bêtise, c'est tout le groupe qui subit la sanction.

Les jeunes sont très durs entre eux. Moqueries et insultes rythment la journée. Je me confronte à la dure réalité de la vie en foyer. Elle est à mille lieues de ce que j'avais imaginé.

On nous impose de nous adapter à leur système, mais qui tente de nous comprendre ? Ne serait-ce qu'au moins une fois ? Pourtant, nous avons juste besoin d'une présence à des moments difficiles. Qui alors est là pour moi ?

Je fais très souvent des cauchemars horribles, et il m'arrive d'uriner au lit. La première fois, je descends voir l'éducateur de nuit pour lui demander s'il est possible d'avoir des draps propres. Ce n'est pas son affaire. Il me laisse dormir dans ma pisse. C'est la politique du « foyer ». Pire encore, il ne m'est pas même autorisé de me laver, car cela réveillerait mes camarades. Je suis contraint d'attendre le lendemain matin pour prendre une douche et changer mes draps. Par la même occasion, je dois aussi essuyer insultes et moqueries, qui redoublent, du fait de l'incident.

À l'abandon...

Je n'ai guère d'autre option que me résoudre à cette triste réalité. Pourtant, je suis convaincu que je finirai par trouver une structure qui me conviendra, bien que j'ai arrêté de croire au Père Noël depuis longtemps. Y ai-je jamais cru ? Aussi loin que je me souvienne, le père Noël n'est jamais venu me rendre visite.

Ce que j'ai le plus de mal à supporter, c'est le retour en famille pour le week-end. La plupart de mes camarades peuvent en profiter. Cela leur permet de s'échapper et de respirer. Moi, non ; je n'ai pas de famille.

Ainsi, je me retrouve souvent seul du vendredi après-midi au dimanche soir. Je dépose de nombreuses demandes afin que l'on me trouve une famille d'accueil pour les fins de semaine. À chaque fois, il m'est répondu que ce n'est pas possible et que je dois prendre mon mal en patience.

Je le supporte de moins en moins, d'autant plus qu'il n'y a quasiment pas d'activités à l'extérieur pendant le week-end. Je tente de m'occuper comme je peux, en lisant, en dessinant ou en regardant la télévision.

Heureusement, le week-end ne dure que deux jours. Je suis content de retrouver mes camarades à leur retour. Eux ne peuvent en dire autant : revenir au foyer ne les enchante guère.

Je dois me faire une raison : je sais être condamné à vivre là pour environ deux ans. Curieusement, je trouve qu'ils passeront relativement vite.

Une petite fête est organisée pour les anniversaires. Cela me redonne le sourire, même s'il n'y a pas de cadeau.

Nous avons la possibilité de recevoir du courrier. Moi, je ne reçois rien. J'en arrive à espérer que mon assistante sociale m'appelle. Au moins pour savoir comment je vais. N'est-elle pas le seul lien qui me reste avec le monde extérieur ? Elle est aux abonnés absents.

Une fois par mois, des visites sont organisées avec mes frères pour nous permettre de nous retrouver. Ces visites durent... deux heures. Elles passent atrocement vite. C'est un déchirement de les voir repartir.

Je me sens tellement seul, triste et abandonné par ce système censé me protéger. Ce qui ne tue pas rend plus fort, dit-on. Progressivement, je me forge l'idée que, de toute façon, il m'appartient de construire ma propre histoire.

À Bon Secours le bien nommé ?

Deux ans se sont écoulés depuis mon arrivée. Une place se libère dans une structure pour les jeunes de quatorze à seize ans. Ainsi, je me retrouve à Bon Secours, qui accueille dix-huit adolescents. En apparence, il est semblable au Minerai, mais fonctionne avec un système différent, réparti en trois niveaux.

Le premier est dédié aux nouveaux-venus avec un comportement difficile. Il est composé de trois chambres avec un lit et une armoire. Le confort est sommaire, mais ce n'est plus un dortoir. Tout se joue sur notre comportement et notre force... de caractère, car l'organisation nous incite à nous tenir à carreau afin de pouvoir monter d'un étage.

Nous sommes un peu plus libres de nos faits et gestes. Il y a toujours des horaires stricts pour les repas, les cours..., mais nous bénéficions d'une relative autonomie le reste du temps. Nous sont aussi accordées des heures de sortie dans le village, ce qui nous permet de respirer l'air de l'extérieur. Et, surtout, comme nous recevons notre argent de poche, d'aller fumer en cachette. C'est le jeu du « pas vu, pas pris ». Cela m'amuse.

Le second niveau est réservé à ceux qui ont un bon comportement. Il se compose de trois chambres d'un standing plus élevé, avec table de nuit et bureau. Nous avons aussi droit à plus d'heures de sortie.

Enfin, le troisième niveau est offert pour comportement exemplaire. Rares sont ceux d'entre nous qui y accèdent. Il se compose d'une seule chambre avec deux lits, une douche indépendante, chacun une armoire, une table de nuit et, si nous en avons la possibilité, nous pouvons apporter une télévision, une console de jeux, une chaîne hi-fi, etc. Je n'y accéderai jamais, bien que je l'aie frôlé – je suis alors trop proche du départ pour y emménager.

À notre disposition se trouvent aussi un billard, un baby-foot et des jeux de société. Des activités sont régulièrement organisées à l'extérieur. Il nous est offert le luxe de voir une assistante sociale, qui nous emmène à nos rendez-vous médicaux, et une psychologue, dans le but de pouvoir parler de nos problèmes.

J'ai aussi mes éducateurs préférés, et d'autres que je n'apprécie guère. Ils me le rendent bien. Ceux avec lesquels le courant passe savent ce que j'ai vécu. Je me confie beaucoup à eux durant ces années.

Nous sommes cependant soumis à des règles. Ou plutôt, à la loi du plus fort. Or, je ne sais pourquoi, à chaque fois que j'arrive dans une nouvelle structure, je deviens la tête de Turc. Malheureusement, n'ayant pas la carrure du parfait petit bagarreur, je suis incapable de me défendre.

À force d'être confronté à la violence, bagarres et insultes finissent par ne plus m'impressionner. Et je découvre une arme de plus : la fugue. Nous y reviendrons ci-dessous.

Je ne sais quoi retenir de positif de ce genre de structure. À part peut-être qu'elle m'a permis de me forger une mentalité plus forte. Et pouvoir affronter ce qui m'attend.

Cerfontaine de violence

C'est le troisième foyer de l'ensemble regroupant le Minerai et Bon Secours. Je l'intègre à seize ans.

Le fonctionnement repose sur quatre paliers de comportement : le vieux bâtiment, le nouveau, le bar et l'annexe. Dès notre arrivée, ils nous expliquent que tout ne déprendra que de nous : plus nous prouverons que notre comportement est correct, plus vite nous accéderons au palier supérieur.

Chacun d'entre eux dispose de son règlement attitré. Comme à Bon Secours, nous pouvons sortir. Je vais même sympathiser avec un homme du village, qui m'invite dans sa famille. Je passe quelques soirées inoubliables. Du fond du cœur, merci.

Je ferai aussi une rencontre extraordinaire, mais j'en reparlerai plus tard. En revanche, un point qui ne change pas : la violence qui rythme nos journées. J'ai assisté à des scènes qui me choquent encore. Des scènes où les jeunes battent les jeunes. Des scènes où les éducateurs battent les jeunes. Je ne compte plus le nombre de fois où je suis moi-même frappé. C'est autorisé. Et même encouragé : le système veut que les plus grands fassent la loi. Sinon, c'est tout le groupe qui est puni, quel que soit le coupable. Il est même courant que le directeur double l'argent de poche des plus forts pour qu'ils « s'occupent » de nous. Ils s'en vantent, c'est ainsi que nous le savons. Par exemple, un éducateur fait entrer deux jeunes pendant cinq minutes dans une pièce fermée pour qu'ils tabassent un plus petit. Je me souviens de l'un d'entre nous qui se fait « éclater » la tête contre une table. Presque littéralement. Ils doivent le conduire aux urgences. Je n'ai jamais été bourreau, je ne suis pas assez violent. Victime, oui. Et plus souvent qu'à mon tour. Je deviens la risée et le souffre-douleur du foyer.

Il est interdit de se plaindre. Lorsque les assistantes sociales viennent au foyer, nous leur servons du café et des petits fours. Nous sommes briefés avant leur venue : il nous en coûtera cher si nous racontons quoi que ce soit. Rien de ce qui se passe dans l'enceinte ne doit sortir. Le silence est d'or.

Cerfontaine de fugue

Il m'arrive de fuguer pour fuir cette violence. Au moins une dizaine de fois en deux ans. Il n'est pas possible d'aller bien loin, je me fais toujours rattraper par la police. J'ai beau leur expliquer ce que nous subissons, que je suis battu par les éducateurs, ils ne veulent rien savoir. Après qu'ils m'aient reconduit au foyer, je dérouille.

J'ai vécu beaucoup d'événements dans ma vie pourtant courte, mais je n'arrive toujours pas à concevoir la violence, peu importe la forme qu'elle revêt. Néanmoins, j'apprends à me défendre, car je ne peux compter que sur moi.

Devenir majeur est tout ce que j'attends. Pouvoir mener ma vie sans avoir de compte à rendre. C'est plus facile à dire qu'à faire : je ne sais rien ou presque de la vie à l'extérieur. On ne nous l'apprend pas, je ne la connais pas.

Un jour, nous fuguons à plusieurs et finissons à Roubaix. Ah, savourer la liberté pendant quelques heures !

Nous passons la soirée à boire, à rire et à nous raconter des histoires à dormir debout. Jusqu'au moment où l'un de mes copains a la magnifique idée de voler une voiture, juste pour aller faire un tour. Nous en trouvons une sur un parking. Impossible de la démarrer. À cause de tout l'alcool dont nous sommes imbibés, il nous faut presque deux heures pour comprendre qu'en fait, stationnée là depuis longtemps, elle n'a plus de... moteur. Une alarme retentit soudain et aussitôt « secoue » tout le quartier. Nous détalons, mais je me fais rattraper par le chien d'un promeneur se trouvant dans les parages. Son maître appelle la police. Nous nous séparons alors en deux groupes et réussissons à nous enfuir avant qu'ils arrivent.

Le temps s'écoule et nous pensons les avoir semés. Il n'en est rien : ils nous « coincent » à l'arrêt du tram.

Inutile de préciser que l'accueil au commissariat se fait sans petits fours et bouquet de fleurs. Je demande (poliment) un verre d'eau. « Ferme ta gueule ! » Je ne m'attendais pas à cette réponse. Elle a le mérite d'être claire.

Ensuite, ils m'interrogent et comprennent vite que je n'ai rien d'un voleur de voitures. Ils me demandent les raisons qui m'ont poussé à fuguer. Je peux enfin expliquer à quelqu'un ce que je subis et, surtout, ils m'écoutent. Cela n'a pas de prix.

Je rejoins ensuite une cellule sentant la pisse, ma « chambre » pour la nuit. C'est la première fois que je dors sur un banc. Ce ne sera pas la dernière. Il fait très froid. On me propose une couverture, que je refuse, de peur d'attraper la gale ou je-ne-sais-quoi. Elle sent la merde et elle est plus sale que le sol.

C'est l'une des plus longues nuits de ma vie. Au réveil, le petit-déjeuner est quatre étoiles : un minuscule paquet de gâteaux et un verre d'eau.

C'est le directeur du foyer en personne qui vient nous chercher. Le policier qui nous fait sortir de notre cellule lit la peur dans nos yeux. Il lui demande s'il est vrai que les éducateurs nous battent. Vous vous doutez de la réponse de ce monsieur bien propre sur lui. C'est sa parole contre la nôtre.

Une énorme boule au ventre me saisit à l'idée de devoir retourner au foyer. Alors, dès les portes du commissariat franchies, je... m'enfuis.

Je réussis à contacter l'un de mes frères, qui me rejoint à la gare de Lille. Il passe la nuit avec moi. De façon à ce que je ne reste pas seul dans le froid.

Le lendemain matin, je me rends au Conseil général dès l'ouverture. Je veux leur expliquer les conditions insupportables du « foyer ». La responsable du secteur me reçoit moins de... trois minutes. Elle ne prend pas même la peine de m'écouter et me traite comme un moins que rien. Ce que je dois être à ses yeux. Peut-être même pas qu'aux siens. La seule chose qu'elle veut est mon retour au foyer. Elle m'explique que je n'en ai plus pour longtemps là-bas et qu'un vaurien comme moi a intérêt à se tenir tranquille, sinon je finirai clochard comme mes deux frères aînés. Et je ne bénéficierai pas du contrat jeune majeur. C'est le sésame vital : entre 18 et 21 ans, il permet d'être financé, logé, de poursuivre des études, de faciliter l'entrée dans la vie active... C'est un contrat en or.

Je lui réponds sans agressivité que, de tout manière, elle ne s'est jamais donné la peine, ni le temps de m'écouter ou de me protéger, que son seul intérêt est les subventions. Elle semble ne pas goûter mon analyse. À peine commencé, l'entretien est déjà clos. Elle demande à un chauffeur du Conseil général de me ramener en Belgique.

La boule au ventre que je traîne depuis la veille ne fait que grossir. La fin du trajet jusqu'au foyer est un véritable enfer. Plus la route défile, plus j'essaie de me faire à l'idée de ce qui m'attend. Je vais morfler.

En arrivant, le directeur me propose gentiment une discussion dans son bureau. J'en ressors fracassé. Je n'avais plus pris une telle raclée depuis mon père. Sauf que je n'ai plus cinq ou six ans, mais presque seize. Je m'efforce de ne pas riposter. Sinon, que serait-il advenu de moi ? « Retourne chez tes parents, c'était mieux », m'assène-t-il.

Cette violence psychique m'est plus insupportable que ses coups. Je n'ai plus qu'une obsession : partir sans retour.

Je fugue dès le lendemain, début de week-end. Direction Lille, dans un commissariat français, pour dénoncer les violences que je subis. Les policiers m'écoutent et prennent ma déposition. Je ne suis pas le premier à venir les voir. Ils adressent leur rapport en urgence au Conseil général.

Je sais ce qui m'attend au retour, mais ça n'a plus d'importance. C'est la police française qui me ramène à Cerfontaine, car, à leurs yeux, je reste quelqu'un toujours menacé de mort, à cause de l'affaire d'Outreau.

À mon retour, le directeur me colle (seulement) deux gifles et me tend un billet de train : il ne veut plus de moi et me demande de préparer mes affaires. Nous sommes en mars 2012. Deux mois avant ma majorité.

Beau Repère... qui en manque
Je monte dans le train, direction Boulogne-sur-Mer. La directrice du service social a été prévenue de mon arrivée. À peine dans son bureau, elle pète littéralement les plombs. Je ne vois pas d'autre expression. Évidemment, il n'y a aucun espoir pour moi et je finirai

clochard comme tous ceux qui passent par là. Je connais déjà la engaine, rien de nouveau sous le soleil.

Après quelques coups de téléphone, elle réussit à me trouver une place dans une structure appelée Beau Repère. Elle est située dans le quartier le plus pourri de Boulogne-sur-Mer. Cela annonce déjà la couleur.

Cependant, mon arrivée est sympathique : je retrouve deux copains de mon ancien foyer. La joie est de courte durée : les éducateurs sont aussi violents qu'à Cerfontaine. L'un d'eux, aux mains épaisses comme des battoirs, me prend immédiatement en grippe, avant même de faire connaissance. En conséquence, il m'interdit de téléphoner, abuse de pressions psychologiques, laisse commettre des sévices contre moi, uriner les autres sur mon lit, déchirer mes photos, mon courrier, etc. Quant à la violence, il est inutile de détailler, les scènes sont les mêmes qu'à Cerfontaine.

C'est quasiment la fin de l'année scolaire, je ne suis donc pas admis en cours. Ce sont les travaux d'intérêt général qui m'attendent. Les deux derniers mois de mon adolescence se terminent en apothéose : je suis condamné à ramasser le crottin de cheval chez un éleveur local. Même s'il n'y a pas de sous-métier, j'ai une autre ambition dans la vie.

La « protection » de l'enfance m'accorde tout de même mon dernier « conseil de famille ». Je vais vous expliquer en quelques lignes ce dont il s'agit : une quinzaine de personnes se réunissent une fois par an autour d'une table, afin de discuter de notre avenir. La particularité est que les membres présents, à part la chef de service, ne sont pas des travailleurs sociaux. Il peut y avoir un boucher, une boulangère, etc. Le principe est de nous permettre de nous exprimer, de poser des questions, des demandes... Pour vous dire la vérité, je n'ai jamais compris à quoi cela servait. De toute façon, aucune de mes demandes ne fut jamais acceptée, ni prise en compte, qu'elle concerne la musique, le sport, etc.

Voilà, c'est donc mon dernier conseil de famille avant mes dix-huit ans, dans quelques jours. Je ne m'attends à rien de leur part, et comme la chef me l'a annoncé, ils s'opposent à ce que je bénéficie d'un contrat jeune majeur. Aucun de mes frères ne l'a eu non plus. Manifestement, ils ont un problème avec les enfants de l'affaire d'Outreau. Je connais des jeunes au comportement bien pire qui ont bénéficié de ce passeport pour l'avenir.

En conséquence, je ne peux plus poursuivre mes études en vente-marketing. Je n'ai plus rien, plus d'espoir. C'est le refus de trop. La goutte d'eau qui fait déborder le vase. Avant de quitter la salle, j'insulte tout le monde, je renverse la table, je n'en peux plus de cette hypocrisie générale. Évidemment, cela ne sert à rien, mais j'en ai gros sur le cœur, il faut que ça sorte.

À une semaine de ma majorité, je me sens abandonné, meurtri, humilié, trahi... Je gamberge : quel peut être mon avenir ? Je ne sais rien faire. Pas même ouvrir un compte bancaire. De toute façon, je n'ai pas d'argent. Je ne peux plus suivre d'étude. De la vie, je ne connais rien, si ce n'est les familles d'accueil, les foyers et les institutions pour la « protection » de l'enfance. Je marche dans le tunnel, j'ignore s'il y a une sortie. Et encore, à ce moment-là, je suis loin d'imaginer combien le chemin sera long. Interminable.

Inoubliable anniversaire

Ce jour arrive, enfin presque. Nous sommes le 22 mai 2012, la veille de mon anniversaire. Le veilleur de nuit prend son service et fait l'appel. En citant mon prénom, il me demande de venir après dans son bureau. Perplexe, je pense qu'il veut certainement me parler avant mon départ le lendemain matin. Sauf que ce qu'il a à me dire dépasse l'entendement. En tout cas, le mien.

Une note que lui a laissée le directeur dans le carnet de liaison lui intime l'ordre de me faire partir ce jour-même à minuit. Sans délai. Sans préavis. « Pardon ? » est le seul mot que j'arrive à articuler. Il me regarde, terriblement gêné. Lui-même ne semble pas comprendre la situation. La décision est liée à des raisons de sécurité et d'assurance : il est écrit qu'ils ne sont pas couverts s'il arrive un problème au foyer pendant la nuit. Pourquoi le directeur a eu le courage... de ne pas me prévenir lui-même plus tôt ? Que je puisse anticiper, me retourner... Il est minuit !

Je reste prostré sur ma chaise, les genoux comme sciés. Il me faut un laps de temps avant de comprendre la situation. Il n'y a pas d'échappatoire : je ressors de la pièce totalement médusé pour préparer mes affaires, dont je n'ai d'autre choix que d'en laisser malheureusement une partie derrière moi. Déjà que je n'ai pas grand chose.

Je suis donc mis officiellement à la porte du foyer le 22 mai 2012 à minuit. J'ai tout de même droit à un « Joyeux Anniversaire ». Merci pour le cadeau.

Pour la première fois de ma vie, je suis confronté à la rue. Et pas seulement pendant une nuit de fugue. Cette fugue s'annonce cette fois à durée indéterminée. Je deviens le clochard que j'ai été programmé à devenir.

Nuit sans ivresse

Je commence ma vie de sans domicile fixe le jour de mon anniversaire. Joyeux. C'est un monde inconnu pour moi. Je suis terrifié. Il fait froid, la nuit est noire. J'ai peur. Je ne donne pas cher de ma peau en cas de mauvaise rencontre. De toute façon, que vaut-elle ? « Rien » paraît la réponse la plus pertinente.

Je me dirige vers le parvis de la gare de Boulogne-sur-Mer. Il ne s'y trouve pas grand monde, hormis quelques SDF. L'un parle tout seul, son voisin discute avec sa bouteille d'alcool.

J'ai tellement peur qu'il m'est impossible de me reposer ou de réfléchir. Il ne me reste plus qu'à vagabonder dans les rues pour laisser filer le temps.

Comment peut-on m'abandonner ainsi ? Me livrer à moi-même ? Qu'ai-je pu faire pour mériter ma situation ? Mon impuissance est totale. Pourtant, majeur et adulte depuis quelques heures à peine, je deviens responsable de ce qui m'arrive.

Les dernières heures de la nuit se compliquent, car il pleut à verse. Rien ne m'est épargné, je n'ai pas droit à la lune.

Je décide de me rendre au Conseil général dès l'ouverture. Je suis accueilli par la secrétaire. Elle commence par me crier dessus parce que j'ai le malheur de mouiller le sol, qui vient tout juste d'être nettoyé. Comment faire autrement, puisque la pluie a littéralement transpercé mes vêtements et mes chaussures ?

Je lui demande s'il est possible de voir mon ancienne assistante sociale. Elle semble faire mine de l'appeler, mais, apparemment, elle ne travaille pas aujourd'hui. Ni la directrice d'ailleurs. Ni même aucune assistante sociale, d'après ce qu'elle me dit. Bizarre. La nuit n'a pas été clémente, alors je m'énerve et lui réponds que je ne quitterai pas les lieux tant que l'on ne m'aura pas trouvé une solution. La seule chose qu'elle est en mesure de me proposer est un centre pour sans domicile fixe. Le cauchemar s'arrêtera-t-il un jour ?

Je décide de rester dans la salle d'attente. Cette pièce, je la connais depuis longtemps déjà. C'est là que j'ai l'habitude d'attendre mes rendez-vous avec ma référente sociale.

Les heures et les minutes défilent. Par miracle, au détour d'un couloir vers les toilettes – elles peuvent parfois faire basculer un destin –, je la croise. Pour quelqu'un qui n'est pas censé travailler, elle est absolument présente, en chair et en os. On m'aurait menti ?

Elle voit l'état dans lequel je suis. Je lui demande s'il lui est possible de me trouver une solution. Je me souviendrai toujours de son sourire méprisant avant de me répondre qu'elle ne peut désormais plus rien pour moi. Le ciel me tombe sur la tête. J'en témoigne, c'est brutal.

Je me retrouve définitivement seul et repars comme je suis arrivé, c'est-à-dire avec rien. Avec moins encore, puisque mes dernières illusions viennent de s'envoler. Aucune aide, pas même un ticket restaurant ou un café ne m'est proposé. Définitivement rien. Je suis à court de solution. Voire d'option.

Répit salvateur

L'instinct de survie finit par me faire souvenir du monsieur belge à côté de Cerfontaine. Je réussis à le contacter via Internet, en lui expliquant la situation. Il me propose de m'héberger, mais pour une nuit. Il faut donc que je trouve une autre solution rapidement, mais c'est déjà miraculeux.

Je monte dans le premier train pour la Belgique. Je n'ai évidemment pas de billet. Je reçois trois amendes, mais c'est le cadet de mes soucis à ce moment-là.

Arrivé à bon port, j'envoie un message à Sylvie (nom d'emprunt), qui habite près de Saint-Étienne. Je suis en contact avec elle, car elle aide mes deux frères, eux aussi en difficulté. Elle ne peut me recevoir, mais elle m'annonce qu'elle va trouver une solution.

Anne, une de ses amies, peut m'accueillir, mais elle habite dans le Jura. Depuis la Belgique, le voyage n'est pas direct, et je ne pourrai arriver avant la nuit. Sylvie m'achète alors un billet de train et m'envoie chez sa fille, Stéphanie (nom d'emprunt), qui a gentiment accepté de m'héberger pendant une nuit à Saint-Étienne, avant de rejoindre le Jura le lendemain matin.

Départ le jour-même. Ouf, la situation se débloque ! Merci, Sylvie. Tu me sauves. Je n'ai encore jamais effectué autant d'heures de train de ma vie. Ce n'est pourtant que le début d'une longue histoire d'amour entre la SNCF et moi. Nous aurons l'occasion d'y revenir.

C'est Patrick (nom d'emprunt), qui vient me chercher à la gare. Nous discutons dans la voiture et arrivons à leur domicile, où Stéphanie nous attend. L'accueil est chaleureux et bienveillant. J'en ai besoin, et je meurs littéralement de faim. Elle me prépare à manger. Je ne me souviens plus à quand remonte mon dernier « bon repas ». En tout cas, pas depuis que je suis en foyer. Épuisé et éprouvé, je prends congé, me douche et me couche. Quelle nuit paisible !

Vive la marche !
Le lendemain nous rejoignent le mari de Sylvie et l'un de mes frères. Je suis heureux de le revoir. La dernière fois, c'était à la gare de Lille, après ma fuite à la sortie de la garde à vue.

Il est l'heure de prendre le train pour Bourg-en-Bresse, où m'attendent Anne et son copain. Nous prenons la route jusqu'à chez eux, à Lect, un petit village de quelques centaines d'habitants.

Elle me montre ma chambre, je m'installe. Puis nous dînons, discutons, car elle sait d'où je viens. Je monte me coucher.

Il n'est pas donné à tout le monde d'accepter d'accueillir chez soi un inconnu. Pourtant, Anne m'accorde sa confiance. C'est une femme adorable, tranquille, qui me fait rire. Elle-même n'a pas eu une vie facile. Elle m'apparaît comme une guerrière, et m'inspire un profond respect.

À cette période de l'année, le soleil est brûlant. Les journées passent à une vitesse folle, même si je les occupe comme je peux. Ah, les promenades avec son chien Mouchou pendant des heures, quel bonheur ! Chez Anne, je découvre donc le plaisir de la marche. Et le pouvoir de la bienveillance. Je rencontre l'humanité.

Argent, quand tu nous tiens
Néanmoins, je ne reste pas longtemps chez elle. En effet, Sylvie m'aide pendant ce temps à effectuer les démarches pour que je puisse recevoir l'indemnisation des sévices que j'ai subis. Je peux enfin la rencontrer et la remercier, car elle me reçoit quelques jours chez elle pour terminer les formalités, ouvrir un compte bancaire…

La somme à percevoir est de 32 000 €. Pour moi qui n'ai rien, c'est le Pérou. Elle est transférée en quelques jours, car elle était bloquée sur un compte séquestre de l'État jusqu'à ma majorité. Cet argent aurait pu – aurait dû – me sortir de la galère. Malheureusement, tout ne se passe pas au mieux. Il me brûle littéralement les doigts. Je flambe. Je pars en vacances, je m'achète des vêtements et tant de choses inutiles : j'ai souvent manqué du nécessaire, je ne me refuse pas le superflu. J'en fais profiter des connaissances. Certains en abusent, je vais jusqu'à payer leur loyer. Qu'à cela ne tienne, il m'est précieux de m'acheter des « amis ».

La caisse fond à vue d'œil. Mon regret aujourd'hui est de ne pas avoir su renvoyer l'ascenseur à certains de ceux qui m'avaient véritablement aidé et le méritaient amplement.

Progressivement, tout redevient compliqué. N'ayant quasiment plus d'argent, beaucoup de mes « amis » disparaissent comme par enchantement. C'est connu, mais il fallait que je l'expérimente. Je me retrouve sans le sou et leur demande de l'aide à mon tour. Je collectionne les faux prétextes et les vraies absences de réponse.

Je pars du principe qu'il ne faut pas agir dans le but d'en attendre un retour. Néanmoins, j'aurais aimé un bout de canapé, une douche ou un repas chaud. Expérience… enrichissante.

Cette situation me plonge dans la dépression. Et plus rien ne va entre mes frères et moi. Je prends la décision de partir au Puy-en-Velay, dans un ancien couvent qui accueille des personnes en difficulté financière. Il est géré par des bonnes sœurs. Autant dire que leur autorité est quasi nulle face à la population qu'elles accueillent.

La vie y est horrible : je me fais toujours réveiller et racketter par le même. Un ancien condamné pour meurtre. Rien que ça. L'alcool et la drogue circulent. À profusion. À condition de pouvoir les payer, bien sûr. Ce n'est pas une simple structure d'hébergement, l'objectif est de fournir un toit afin de (re)démarrer dans la vie. Mais il n'y a aucun suivi, notamment pour les jeunes qui y séjournent.

Je suis épuisé. Épuisé de réfléchir, épuisé de tourner en rond, épuisé de galérer. Ma vie ne se résume à rien. Il n'y a pas de bout au tunnel. Je n'ai plus envie de vivre. C'est simple.

Je commence à appeler à l'aide. Mes récents « amis » ont disparu. Celles et ceux qui m'ont déjà réellement aidé, mes vrais amis, ne sont momentanément pas disponibles. Je dors mal, je ne mange plus. Je rumine des idées noires. La vie me quitte peu à peu. J'enchaîne les tentatives de suicide aux médicaments. À chaque fois, je ressors rapidement des urgences. Comme si je testais ma détermination.

Jusqu'à ce soir-là. La quantité de barbituriques ne peut qu'être fatale. Elle l'est. La vie me quitte enfin. Je la regrette déjà. Pourtant, qui en voudrait ? Avant de perdre connaissance, j'ai la force d'appeler Sylvie. Elle décroche. Je lui annonce ce que j'ai fait. Inconscient, je m'effondre. Paniquée, elle envoie les secours.

La seule chose dont je me souviens ensuite, ce sont les pompiers entrant dans ma chambre. Et je m'endors. Les médicaments sont tellement puissants qu'il faudra presque huit heures pour me réveiller. Je suis transporté à l'hôpital, avec pronostic vital engagé.

Je reste vingt-quatre heures en déchoquage, et quarante-huit heures en réanimation. Lorsque je me réveille, j'ai un énorme tuyau dans la bouche et une grosse migraine. Le médecin entre dans la chambre pour mesurer mes constantes. Il m'annonce que je reviens de loin. Hormis lui, personne ne vient. J'espère voir quelqu'un. Peut-être une infirmière, un proche, un ami. Non, personne. J'affronte seul l'épreuve que je me suis infligée.

Lorsque je commence à me sentir mieux, un psychologue me visite pour me demander si je souhaite intégrer ce qu'il appelle une « clinique de soins », afin que je puisse me reposer. Je lui réponds par la négative, il repart. Quelques heures plus tard, profitant d'un moment d'inattention des médecins, je m'enfuis pour retourner au centre. Je déménage dans une autre structure, à proximité. Cependant, je suis toujours un sans-abri.

Le soleil de la Réunion
Les jours passent et je tente difficilement de reprendre goût à la vie, jusqu'à ce 9 décembre 2012. Vers dix-huit heures, tandis que je donne des nouvelles à des connaissances via les réseaux sociaux depuis la bibliothèque municipale, je reçois l'invitation digitale d'une inconnue. Elle va littéralement changer le cours de ma vie.

Nous entamons l'échange. Elle me demande qui je suis. « Et toi, t'es qui ? » Pas sûr que je démarre du mieux du monde... Elle va avoir seize ans et habite l'île de La Réunion. Ensuite, nous ne nous quittons plus, jusqu'à ce que la vie nous sépare.

Je commence par lui mentir. Je m'invente la vie d'un autre. Plus nous discutons, plus je m'enfonce dans le mensonge. Tout est faux. Sauf les sentiments que je sens poindre au fil des échanges. Comment ne pas avoir la trouille de lui dire ce que je suis, ce que je fais ? Qui voudrait s'aventurer avec quelqu'un à la rue ? Quel avenir lui réserver quand on vit dans un foyer pour sans-abris ?

Pourtant, je trouve un soir le courage de raconter. Tout. Je crains sa réaction. Elle ne m'abandonne pas.

Plus les jours passent, plus je m'attache. Pourtant, nous nous connaissons depuis peu, mais j'ai envie de la voir. Je pense tout le temps à elle, j'apprends petit à petit à avoir confiance en moi, elle me redonne le sourire. Je me confie, elle en fait de même. Elle m'aide à guérir, je ne me sens plus seul.

Nous avons conscience que cette relation sera compliquée à gérer : nous vivons à 9 000 km de distance. Nous ressentons la chaleur de l'amour et décidons de tout faire pour rester ensemble. Sans nous être rencontrés. Ou autrement. Nous nous envoyons des messages à longueur de journée et nous écrivons des lettres. Quelle impatience à l'idée de les recevoir ! Je vis dans une bulle d'amour, rien ne peut me l'enlever.

Chapitre 11
En psychiatrie

Dans la souricière
Les jours, les semaines et les mois passent. L'amour à distance ne peut suffire : tout redevient difficile à gérer. Je replonge dans la dépression. Les tentatives de suicide recommencent, je me retrouve en psychiatrie.

Que ce soit la rue ou la psychiatrie, je ne souhaite à personne d'en faire l'expérience. J'ai testé les deux. Ainsi, je décide d'aller consulter un psychiatre, car je ressens le besoin de vider ce sac beaucoup trop lourd pour moi. Vraisemblablement, je ne tombe pas sur la bonne personne. En tout cas pour moi : il ne parle pas et me laisse monologuer. Or, j'ai besoin de lien, d'échange, de ressenti, j'ai besoin de comprendre. La seule chose qui semble l'intéresser est comment je vais régler la consultation. Peut-être aussi est-ce le fruit de ma projection...

En ressortant, j'ai juste l'impression d'avoir parlé trente à quarante minutes dans le vide. Je ne sais plus quoi faire, ni vers qui me tourner. Le désespoir m'assaille.

Je retourne au monastère, tout recommence. J'arrive encore à me dire que demain sera un jour nouveau. De moins en moins.

Quelque temps après, lorsque j'ai mon amie au téléphone, je tente de sourire, de rire, mais je souffre tellement que je n'ai plus la force de lui dire ce que je ressens, de me confier. Alors je me cache, je m'enferme dans cette cage infernale qui me ronge de l'intérieur petit à petit.

À la suite de notre conversation, je m'enferme dans une salle de bains et avale une très grande quantité de médicaments contre l'anxiété et la dépression. En sortant, je sens des vertiges, des nausées. Les intervenants de la structure connaissent mes tendances suicidaires. Ils appellent immédiatement les pompiers, la police arrive aussi. Ils n'ont pas de meilleure idée que de me menotter, sous prétexte que je deviens ingérable.

C'est l'une des journées les plus horribles de ma vie. Pourtant, je les collectionne. On m'emmène aux urgences pour me faire une prise de sang et consulter un médecin. Du moins, c'est l'impression que j'en ai. À l'arrivée à l'hôpital, ils m'enferment dans une pièce et m'attachent à un lit.

Ayant été abusé dans mon enfance, c'est insupportable. En fait, ils suivent le protocole, ils ne connaissent pas mon histoire. Je hurle à la mort, je les supplie de me détacher. Une infirmière vient enfin me voir, et croit que je me suis pissé dessus. C'est faux, mais j'ai effectivement les fesses mouillées, car la police, en me menottant, m'a assis dans une flaque.

Même si je suis seul, je les insulte de tous les noms possibles, je leur crache dessus. Évidemment, cela n'arrange pas mon cas, et les incite encore moins à me libérer. Je tente tout de même de me calmer, en me disant qu'on finira bien par me détacher si je suis apaisé. Un autre infirmier arrive et me demande comment je vais. Je souhaite appeler mon psy.

À ma grande surprise, il arrive rapidement. En fait, je ne pensais pas qu'il viendrait. Pourtant, il est là, lui en apparence si sourd à mes angoisses. Quand il entre dans la pièce, je fonds en larmes et le supplie de m'aider. Il ordonne aux infirmiers de me détacher sur le champ, en répétant « Vous ne savez pas ce que ce jeune homme a vécu ! » Il vient juste de me sauver la vie. Il était la bonne personne. Je m'étais trompé.

Il s'excuse personnellement que les choses se soient déroulées de la sorte. Nous discutons longuement. Je lui explique que je n'en peux plus. Je commence à me libérer de ce poids qui m'écrase. C'est un besoin vital. Il me propose de me faire hospitaliser, mais je refuse. En revanche, j'accepte de rester la nuit. Il me donne des médicaments pour dormir.

Le lendemain matin, je me sens mal, avec des nausées et des vertiges, mais ils finiront sans doute par passer. Je retourne au centre. Le directeur m'annonce qu'en raison de mes trop nombreuses tentatives de suicide, il ne peut plus me garder.

Je prends le peu d'affaires qui me reste. Je pars. Où, je ne sais pas encore. En chemin, je ne me sens pas bien, je fais un malaise. Un passant appelle les pompiers. Ils jugent mon état préoccupant et demandent l'intervention du Samu. Ils m'injectent quelque chose pour me « booster », mais ils ne sont pas au courant des médicaments pris la veille. Le cocktail provoque un arrêt cardiorespiratoire. Mon cœur vient de cesser de battre.

Retour à la vie
Je suis plongé dans le coma artificiel pendant huit jours. Au réveil, je suis complètement dans la brume. Je ne comprends rien à ce qui m'entoure. On m'annonce qu'un taxi viendra me chercher. Et c'est ainsi que je me retrouve en hôpital psychiatrique.

C'est un autre monde. La première chose à saisir, c'est que le temps va paraître long, très long. À la sortie du bâtiment, il y a une cour fermée par des murs de presque cinq mètres de haut. Je passe des heures à en faire le tour et compter les pavés.

La deuxième chose à éviter, c'est la solitude, et même l'isolement. Je me fais donc des « amis », de façon à ce que le temps paraisse moins long. Nous sommes surveillés tout le jour, les caméras sont partout : dans les couloirs, dans les chambres, dans les pièces communes, dans les salles de bains. L'intimité n'existe plus.

Une horloge a la particularité de « parler ». Elle répète chaque heure qui sonne. Pendant toute la journée. Tout est fait pour rappeler que le temps passé ici est long. Très long. Je tente de m'occuper : dessin, jeux de cartes, écriture, lecture. J'essaie de me faire remarquer le moins possible, car tout ce qui déplaît nous conduit en cellule d'isolement.

Ma chance, c'est de ne pas avoir de médicaments à prendre, à la différence de la plupart de ceux que je croise, qui sont littéralement « défoncés ». J'ai l'impression de séjourner parmi des zombies. Cela me serre le cœur.

Cet hôpital est séparé en plusieurs services. Je suis affecté dans celui réservé aux suicidaires, les désespérés de la vie. Des personnes au parcours similaire au mien. Et les médecins ne se privent pas de le leur rappeler.

On me réveille tous les matins à six heures pour la prise des constantes, de sang, et le petit-déjeuner. On y mange mal, mais la rue enseigne la valeur d'un quignon de pain.

Ce qui m'effraie, c'est que plus le temps passe, plus j'en perds la notion. Je ne me retrouve plus dans les dates, les jours, même les heures... Des médecins viennent régulièrement me voir pour s'enquérir de mon état. Un psychiatre me reçoit tous les jours. Il me pose des questions auxquelles je réponds avec prudence. Je sens que moins ils en sauront, mieux je me porterai.

La seule chose qui m'importe est sortir. Je ne veux plus être prisonnier. Pourtant, je ne suis pas en chambre d'isolement et n'ai pas de médicament à prendre, alors à quoi bon me garder ?

Au bout de trois semaines, la loi dispose que je rencontre le procureur de la République, afin qu'il puisse valider mon hospitalisation. C'est leur façon de se protéger. Notre entretien dure un quart d'heure et j'en garde un souvenir plutôt cordial.

Encore trois semaines de plus dans le service, et le psychiatre m'annonce que je vais pouvoir partir. Ils n'ont plus de raison de me garder. Il y a toutefois une complication. Pourquoi rien n'est jamais simple ? Étant sans-abri, ils ne peuvent me lâcher dans la nature si personne ne signe l'autorisation.

Mon frère aîné vient s'en charger, je repars libre comme l'air. Qui ne m'a jamais paru aussi pur. La première chose que je fais est d'envoyer un message à mon amie pour lui annoncer ma sortie. Lorsque j'étais à l'intérieur, elle m'appelait tous les jours, car je n'avais pas le droit de téléphoner.

Je pars vivre chez mon frère, qui me l'a proposé pour quelque temps.

C'est néanmoins si frustrant de ne pas arriver à voir le bout du tunnel. Je rêve d'autre chose. De projets, de me sentir bien. Et, surtout, je rêve d'autonomie.

Chapitre 12
Retour à la rue

Errance à venir

Nous sommes en juillet 2013, j'ai dix-neuf ans. Sylvie peut m'accueillir le temps que je me retourne. N'ayant aucune expérience professionnelle, trouver du travail dans son village ou aux alentours sera difficile. Mon destin va basculer avant : elle m'annonce qu'elle a trouvé un emploi... en Suisse. Je suis heureux pour elle, mais elle doit partir. Donc moi aussi.

Je dois choisir où je serai... SDF. J'opte pour Paris. En arrivant, j'ai l'impression de débarquer aux États-Unis. Tout me paraît tellement grand, mais j'ai peur d'y passer cette première nuit. Ce que j'ignore encore à ce moment-là, c'est que j'y resterai longtemps.

Au fils des jours, j'apprends à être vigilant. Il faut surtout savoir s'entourer et ne jamais rester seul. C'est une question de survie.

Je trouve des lieux publics pour bénéficier d'un réseau internet gratuit. Je peux ainsi rester en contact avec les personnes qui me sont chères. Je leur donne de mes nouvelles, mais je reste flou sur ma situation, ne voulant pas les inquiéter.

La première personne que je tente de rassurer est mon amie, angoissée à l'idée que je puisse me retrouver seul dans cette situation. Néanmoins, elle trouve à chaque fois les mots pour me rassurer.

Errance à cran

La chose la plus difficile à vaincre, c'est la faim. Comme le dit le proverbe *La fin justifie les moyens*. Je dois voler pour m'en sortir. Pour manger, m'habiller, tout simplement survivre.

Je réussis à me faire quelques copains, à la limite du fréquentable. Lorsque nous avons les moyens de nous acheter un hamburger, nous le partageons en quatre. Et nous savons apprécier.

Je fais la manche, je n'ai pas le choix. Le regard des autres me blesse. Lorsque l'on est à la rue, l'estime de soi en prend un coup.

J'ai trouvé une association qui me permet de manger un biscuit, de boire un café et, surtout, de pouvoir laver mes vêtements et de prendre une douche. Il n'y a pas d'eau chaude, mais, au moins, j'ai le privilège de pouvoir me laver. Rester propre est indispensable. Sinon, cela sent la fin.

Il est aussi possible de parler avec un éducateur social, qui nous aide dans nos démarches personnelles. Il sait mieux que moi combien sortir de la rue est compliqué et qu'il n'existe pas de solution miracle. Se lit dans son regard le sentiment d'impuissance face à la misère sociale qu'il côtoie tous les jours.

Je discute souvent avec lui. Il ne comprend pas qu'on ait pu me laisser dans cet état-là, livré à moi-même. Oui, mais l'affaire d'Outreau est passée par là.

J'appréhende la tombée de la nuit. J'ai systématiquement cette boule au ventre qui me ronge de l'intérieur. Il faut redoubler de vigilance à chaque instant, à cause des alcooliques et des drogués. Sous l'effet de ces substances, certains peuvent devenir très dangereux.

Je suis constamment aux aguets et passe davantage de temps à surveiller mes affaires de peur qu'on me les vole qu'à dormir. Je suis épuisé de lutter, de me battre, de marcher.

Errance à cœur
Pourtant, ce que je redoutais arrive à grand pas : je prends de plus en plus goût à la rue. Je me contente du peu que j'ai. Ou que je n'ai pas. C'est dramatique, mais c'est ainsi.

Il faut réagir et ne pas se laisser aller. Sinon, l'habitude prend le dessus, et la volonté de s'en sortir disparaît. C'est le cas de tous ceux que je croise, ou presque. Dont Naïma, qui vit ainsi depuis dix-huit ans. Sa sœur vient régulièrement la persuader de venir avec elle, mais elle refuse toujours.

C'en est trop. Je ne peux continuer ainsi. Ma priorité absolue est désormais de quitter la rue. J'entreprends des démarches dans des associations d'aide en tout genre. C'est compliqué : elles croulent sous les demandes.

Je passe la plupart de mon temps dans un café très populaire situé devant le parvis de la gare du Nord. La terrasse couverte me permet d'être à l'abri des intempéries. Il ouvre tôt et ferme tard. Souvent, les serveuses me réveillent et me paient un café. Cela me fait du bien.

On me conseille d'appeler régulièrement le 115 pour savoir si une place s'est libérée. Il est recommandé de les contacter à partir de 6 h 30 le matin. J'essaie parfois dès 6 h 00, mais il n'y a déjà plus rien de disponible.

Je refuse de baisser les bras. Mon amie tente de me rassurer comme elle le peut, mais c'est difficile. Je veux néanmoins me battre, pour elle, pour moi, pour nous, et prouver à tout le monde que, malgré mon parcours chaotique, je peux m'en sortir.

Leçon de vie

Je suis assis sur le trottoir, à faire la manche. Ce que nous appelons « un éducateur de rue » s'arrête et m'offre de l'eau et un gâteau. Nous allons nous voir régulièrement. Je lui raconte ma vie, mon parcours, et ce qui m'a conduit ici. Il m'inspire confiance, un lien se tisse entre nous. Puis il m'annonce être atteint d'un cancer et ne plus en avoir pour longtemps.

Les jours passent, il se fait de plus en plus absent. Il finit par ne plus venir. Je me mets à sa recherche, y compris auprès des hôpitaux à proximité. Certes, j'ai son numéro de téléphone, mais il est toujours sur messagerie.

Je suis impuissant. Jusqu'au jour où je reçois un appel m'annonçant qu'il est sur le point de mourir et que je dois venir au plus vite si je souhaite lui dire au revoir.

Dès mon entrée dans la chambre, c'est un choc : la maladie a fait son œuvre, il semble ne plus être lui. Il me demande de m'approcher, car il a quelque chose à me dire :« Le jour où tu seras capable d'aller serrer la main à l'une des personnes qui t'ont violé, tu seras libre. »

Sur le moment, je ne comprends pas. Je trouve même ses propos limite : comment pourrais-je avoir envie de leur serrer la main ? Mais l'heure n'est pas à la réflexion. Il conclut par le fait que c'est à moi d'agir, personne ne le fera jamais à ma place.

Il décède une demi-heure plus tard. Il m'a fallu du temps pour m'en remettre. Ses derniers instants sur terre, c'est à moi qu'il les a consacrés. Quel cadeau !

Dans la théorie, je sais qu'il a raison ; dans la pratique, c'est une autre chanson. Je mets les bouchées doubles pour trouver une solution. C'est par le biais d'une amie de Sylvie que je fais la connaissance de Sophie (nom d'emprunt). Elle me propose de m'aider et de m'héberger temporairement. C'est ainsi que se terminent presque six mois de rue, de nuits sans sommeil, de jours sans manger, de peur sans fin... Je peux souffler. Merci du fond du cœur.

Pourtant, quelque chose ne tourne pas rond. Avant d'accepter, je continue d'errer dans Paris, comme si la rue ne voulait pas me lâcher. Il faut absolument reprendre un cadre de vie normal. Que je me recentre sur moi, car je n'ai plus de règles.

Le Soleil se lève à l'est

Cette prise de conscience m'amène à revoir Hélène (nom d'emprunt), une amie de Sophie, rencontrée lors d'un repas à la maison. À son tour, elle me propose de m'aider à trouver la vie que je cherche.

Elle me prévient que ce ne sera pas facile. Évidemment, je la remercie encore profondément, car elle est l'électrochoc dont j'ai besoin pour revenir sur le droit chemin. En tout cas, m'en approcher.

J'accepte. Elle n'habite pas en région parisienne, et direction Metz. Je continue mon tour de France pour tenter de... me trouver. Je veux repartir sur de bonnes bases, mais tout est à reprendre. Ne serait-ce que ma carte d'identité, ma carte vitale, la CMU, etc.

Mon hôte a fort caractère, elle ne me trouve pas d'excuse. La plupart du temps, les gens me brossent dans le sens du poil, justifiant mes faits et gestes par mon passé. Et, bien sûr, cela ne m'aide pas.

De plus, elle connaît beaucoup de monde. Nous sommes convenu que tout fonctionnerait sur le principe du « donnant-donnant » : à moi de faire mes preuves, elle me présentera alors qui il faut. Cela commence par une association qui soutient les personnes en difficulté. Bénéficiant d'un toit si gentiment et gratuitement offert, donc d'une adresse, ils m'aident à refaire tous mes papiers. Je les obtiens en très peu de temps. Tout me paraît plus facile et plus rapide. Est-ce parce que nous sommes dans une ville moins grande que Paris ?

Cependant, j'ai beaucoup de mal avec le tempérament d'Hélène. Nous sommes de caractère opposé et je passe presque d'un extrême à l'autre : après des mois dans la rue, en totale liberté, je suis confronté à des règles. J'en ai perdu l'habitude depuis mon départ du dernier foyer. Je sais pourtant qu'elles me sont indispensables pour continuer à évoluer.

Jusqu'au jour où, à la suite d'une dispute, je prends mes affaires et je pars. Sans retour. Merci pour tout.

Premiers pas d'école
Entre temps, j'ai reçu une bonne nouvelle : je suis accepté dans une mission locale. Cet organisme permet de développer des projets personnels, avec un réel suivi social. Je peux même bénéficier d'aides financières, d'un abonnement de bus financé par la région... Encore faut-il faire ses preuves, comme toujours, par exemple, se présenter à l'heure.

Grâce à leur aide, je participe au programme « L'École de la deuxième chance ». Comme son nom l'indique, le but est d'aider les jeunes qui ont décroché de l'école ou sont complètement perdus – je coche les deux cases. Cela nous permet de repartir sur de bonnes bases. Nous y apprenons, entre autres, à chercher du travail, construire un CV, rédiger une lettre de motivation, etc.

Je dois me mettre en quête d'un toit. En quelques coups de téléphone, l'association qui m'a déjà aidé me trouve une place dans un centre pour trois jours, et m'annonce qu'une place est en train de se libérer ailleurs pour le lundi suivant. Cette nouvelle me réjouit.

Comme son nom l'indique, un centre pour sans-abris n'est pas un l'hôtel. On y côtoie des personnes en grande difficulté, mais cela n'a rien à voir avec ce que j'ai pu connaître au Puy-en-Velay. Toutefois, le centre dans lequel on m'a envoyé reste dur, car c'est un endroit dit « de transit », dédié uniquement aux personnes de passage. Nous y restons 96 heures au maximum, en attendant qu'une place se libère ailleurs. Rien n'est prévu pour nous installer, il n'y a pas même d'armoire. Nous avons juste la possibilité de laisser nos objets de valeur dans le bureau des éducateurs dans des casiers prévus à cet effet.

J'ai hâte de commencer la formation. Je me dis qu'enfin quelque chose se débloque. Et cela fait longtemps que j'attends.

La première journée n'a rien d'extraordinaire. Nous devons nous présenter, le directeur de l'école nous explique le principe du dispositif. Je n'ai pas remis les pieds dans une école depuis longtemps. Cela me fait bizarre, mais j'en suis très heureux.

Au programme, remise à niveau en maths et en français, cours d'informatique... Nous avons également des stages obligatoires. Ayant peu d'options professionnelles, je souhaite faire de la mise en rayon.

Le soir-même, j'arrive dans la nouvelle structure, beaucoup plus accueillante que le centre dans lequel je viens de passer trois jours. Il y a plus de jeunes de mon âge. Je dispose d'une chambre où nous sommes deux, une armoire et une douche individuelle. C'est nettement plus confortable que ce que j'ai jamais connu auparavant. Même la nourriture est correcte.

Il y a des éducateurs et un référent, désigné à notre arrivée. Mon référent est une référente, prénommée Solène. Son rôle consiste à prendre le relais de l'association dans mes démarches, afin que je puisse continuer à évoluer.

Le Soleil se lève de moins en moins à l'est

Grâce à l'école, j'effectue des stages dans un supermarché. Je commence mon service à 5 h 30. Ma tâche est relativement simple : remplir les rayons à partir des palettes livrées dans la nuit. Jusque-là, rien de compliqué. Cela commence à se gâter au rayon « vrac », où les clients remplissent eux-mêmes leurs sacs et les pèsent. En effet, le problème est qu'il leur arrive souvent de renverser de la marchandise. On m'oblige à la ramasser et la remettre dans les boîtes avant que le magasin ouvre. Cela me dégoûte de voir des mamans acheter à leurs enfants des bonbons qui ont traîné par terre.

Ne le supportant pas, j'avertis mes supérieurs par courrier avec photos à l'appui, en expliquant que de telles méthodes me paraissent douteuses, voire scandaleuses, et que je refuse désormais de remettre dans leurs boîtes tous les aliments ayant eu un contact avec le sol. La réponse témoigne de leur parfaite compréhension du problème : je suis viré.

On me conseille de déposer plainte pour licenciement abusif, mais, même avec les photos, le dossier reste fragile. Et à quoi bon s'engager là-dedans ?

Le programme à l'École de la deuxième chance étant terminé, je dois rebondir au plus vite, car je me retrouve sans ressources : je ne peux bénéficier du chômage, car je n'ai pas cotisé assez longtemps, ni du RSA, puisque j'ai moins de vingt-cinq ans, ni du RSA jeune, n'ayant pas travaillé plus de deux mille heures. La seule chose est d'obtenir la CIVIS, une aide préalable de soixante-quinze euros par mois, accordée par la mission locale. Il faut remplir un dossier qui doit être présenté en commission. Ce n'est donc pas immédiat.

De nouveau, je n'ai plus rien pour vivre. Ce qui me soucie également est le fait que mon contrat au centre d'hébergement n'est pas à durée indéterminée : il ne dure que six mois et n'est renouvelable que si l'on a du travail. Pourtant, ce n'est pas faute de chercher, en étant prêt à tout accepter. Je fais, par exemple, le tour des sociétés d'intérim tous les jours. Je suis accompagné par un jeune avec qui nous avons sympathisé, car il se retrouve dans la même situation que moi. Cela nous permet de nous soutenir dans ces moments difficiles. Et il deviendra un ami par la suite.

Le Soleil se couche à Metz

C'est une ville que j'apprécie. Il y a beaucoup de choses à faire, notamment se promener dans le cœur historique, assister aux festivités organisées par la municipalité, etc. Et à aucun moment je n'ai regretté que mon chemin m'y ait conduit.

Il y a malheureusement une réalité qui me suit et finit par me faire rire : je m'attends toujours au pire. En même temps, la vie m'a démontré qu'il était plus que probable, au moins dans mon cas. Ainsi, lorsqu'il m'arrive quelque chose de bien, je me demande immédiatement à quel moment cela va beuguer. Et je dois y penser tellement fort que je n'ai pas longtemps à attendre.

Comme indiqué ci-dessus, mon contrat avec le foyer est arrivé à son terme. Je suis alors reçu par le directeur de la structure en compagnie de ma référente sociale, afin de faire le point sur ma situation.

À l'issue de l'entretien, je ne me fais guère d'illusion sur la décision, même s'ils ont certainement pesé le pour et le contre. Néanmoins, il y a un règlement et tant d'autres personnes à accueillir. Je dois partir. De nature généreuse, le directeur m'accorde une dernière nuit, même si je n'en demandais pas tant, compte tenu de mes expériences précédentes.

Au matin, je prépare mes bagages. Autant vous dire qu'ils ne se sont pas alourdis depuis mon arrivée.

Il ne se lève pas à Paris

Je passe quelques jours et nuits dans un grand parc non loin de là, avant de repartir en direction de la capitale, pour un retour aux sources, quasiment à la case départ. Le constat est implacable : malgré tous les efforts pour m'en sortir, il n'y a pas de sortie au tunnel.

Heureusement, je peux compter sur des personnes qui m'envoient un peu d'argent pour me venir en aide lorsque leurs moyens le leur permettent.

Je vis très mal mon retour à Paris. C'est un signe d'échec. Je n'arrive pas à y croire. Même si c'est bien là que je me retrouve.

J'apprends alors qu'un troisième procès de l'affaire Outreau est en cours – nous en parlerons par la suite. J'ai d'autres urgences à traiter : comment réussir à me poser une bonne fois pour toutes ? Je ne souhaite pas m'apitoyer sur mon sort, mais je n'en peux plus. Encore et encore. J'ai à peine plus de dix-neuf ans, mais de combien de mois – je ne parle pas même d'années – de répit ai-je pu bénéficier dans ma vie ? Et plus j'avance, plus j'ai l'impression de reculer. Trois pas en avant pour quatre en arrière.

Je suis las de chercher à comprendre et de devoir constamment partir. Je ne sais si c'est humain de devoir vivre ainsi, mais, ce qui est terrible, c'est de penser à tous ceux dans la même situation. Pourtant, je ne demande pas la lune. Je veux juste m'en sortir et vivre une vie normale. C'est apparemment impossible, comme si tous les dieux conspiraient contre moi et s'amusaient à semer sans fin des obstacles sur mon chemin. J'en arrive même à penser qu'une malédiction pèse sur moi.

Plus sûrement, la conviction d'avoir été trahi par un système me taraude. J'en veux à la terre entière. J'éprouve même l'envie de me venger, mais elle retombe vite. Et de qui, de quoi ? Bien sûr, de mes parents et de toutes les personnes qui m'ont fait du mal, même lorsqu'elles ont été condamnées par la Justice.

Heureusement, je profite du réconfort de mes amis et de ceux qui me soutiennent depuis le début. C'est grâce à eux que je trouve cette force qui me permet de tenir au jour le jour. Ils sont la lumière dans le tunnel.

Néanmoins, quand cela me reprend, j'en veux aussi au Conseil général, à eux qui m'ont promis monts et merveilles pendant des années. J'ai le sentiment d'avoir été abandonné comme un chien dont on ne sait plus quoi faire. J'en veux à toutes ces institutions qui semblent se laver les mains d'une situation comme la nôtre. Reconnaissons toutefois qu'elle n'est pas simple, même si nous ne leur demandons pas tant que cela. En tout cas, de notre point de vue. J'ai lu des enquêtes concluant que plus de 60 % des enfants gérés par les services des conseils généraux finissent à la rue. Il y a manifestement un problème à régler.

Le Soleil se couche à l'est

Si certains ont un chemin tout tracé, tel n'est pas mon cas. Je n'ai pas alors d'idée précise quant à la suite de ma vie. D'ailleurs, qui peut savoir le temps que prendra la reconstruction – ou la fin de la malédiction ? Je pensais qu'elle serait longue, mais pas à ce point.

Une amie rencontrée en vacances lorsque j'étais encore à Bon Secours me propose de venir la voir à Thionville. Elle m'accueille à la gare accompagnée de son copain. Nous passons un peu de temps ensemble, moments chaleureux. Elle me propose de me payer l'hôtel pour le week-end. J'accepte.

Bien entendu, le lundi signifiera le retour à la réalité, mais je peux respirer et me reposer pour reprendre des forces au moins pendant deux jours. Ils passeront à la vitesse de la lumière. C'est fou comme le temps s'écoule différemment en fonction des circonstances...

Les jours suivants sont évidemment beaucoup plus longs, surtout les nuits, très dures. Le froid est glacial et beaucoup de monde fréquente la gare. Quel est le rapport ? À Paris, lorsque je dormais devant une terrasse de café, la serveuse qui ouvrait le matin me réveillait tôt. Je n'avais pas à affronter le regard des autres dès que j'ouvrais les yeux. C'est différent à Thionville : je dors à même le sol ou sur un banc, car l'espace extérieur de la gare reste ouvert la nuit. Le regard de ceux que je croise le matin me paraît violent, car ils comprennent que je dors dehors, même si ce n'est pas marqué sur mon front.

Il m'arrive parfois de faire appel aux pompiers pour des motifs dérisoires, afin de passer une nuit au chaud. Je n'en suis pas fier, mais je n'ai plus le choix. Il faut que je trouve une alternative pour ne plus vivre dans cette situation précaire.

En attendant, il m'arrive de passer la nuit dans les ascenseurs à l'extérieur de la gare. Cela me permet de gagner 1 ou 2° de chaleur. Cela peut paraître peu, mais c'est beaucoup. D'autant plus qu'il est difficile de dormir dans de telles circonstances. Je reste à l'intérieur pendant la journée, afin de me mettre au chaud. Il m'arrive parfois de « privatiser » des toilettes, qui me permettent de dormir deux ou trois heures sans être dérangé ni dévisagé par les personnes fréquentant la gare. Au bout d'un moment, ils finissent par remarquer le manège et surveiller mes moindres faits et gestes.

Retour à la lumière...
Un accident me confirme que ma vie doit changer, et vite. Un matin, en me réveillant, je ne vois plus rien. Je panique, je crie à l'aide. Un monsieur s'approche et fait appel à un agent de la SNCF. Les personnes qui travaillent sur place ont l'habitude de me voir et se doutent de ma situation réelle. Là, c'est différent, ils demandent l'intervention des pompiers, qui me conduisent à l'hôpital.

Aux urgences, on me pose des questions, notamment sur ce que je faisais au moment où j'ai constaté ma cécité. J'explique que je dors dehors depuis quelque temps déjà, et que c'est au réveil que cela s'est produit.

Ils me dirigent vers l'ophtalmologue, qui conclut, après quelques examens, que le froid a brûlé la rétine de mes yeux. Je retrouverai la vue, mais pas avant quelques jours. Lui n'a pas l'air inquiet, moi si. Il juge impossible de me laisser partir dans cet état. Je vais bénéficier de quelques jours à l'hôpital.

Au fur et à mesure du traitement et des exercices, je commence à apercevoir de la lumière sous un épais voile blanc. Il s'estompe au fils des jours. Je suis sur le chemin de la guérison. Les médecins sont confiants et me rassurent.

Finalement, je suis guéri, donc je peux partir. En sortant, je me dis que je n'ai jamais été aussi heureux de pouvoir contempler l'extérieur, le ciel, les oiseaux... Certes, la vue n'est pas exactement celle d'une plage de sable blanc avec des cocotiers, mais quel bonheur de voir !

Nous ne devrions pas oublier de regarder, pas simplement voir.

... qui s'éteint très vite

À la gare, j'avais trouvé un local pour laisser mes affaires. Je le pensais inutilisé, mais j'ai la mauvaise surprise, en revenant, de constater que presque tout a disparu. Je m'adresse à un agent de la voirie, qui me signale qu'elle n'ont rien à faire là.

Je récupère le peu qui me reste, avant de reprendre la route. Je retourne à Paris quelques jours, puis je peux compter sur la générosité d'un ami de Marseille. Direction ensuite le Jura, et retour à Paris.

Hormis le fait de commencer à devenir un maître en géographie, je dois prendre une décision pour cette vie qui ne mène nulle part. J'opte pour Paris. Définitivement. J'y aurai forcément plus d'opportunités. Pourtant, je baisse peu à peu les bras et finis par me dire que la rue est mon destin. Peut-être même que je devrais commettre quelque acte répréhensible pour terminer en prison. Au moins, je bénéficierai d'un toit pour une longue durée. C'est dire si je vais mal.

Je n'ai pas encore vingt ans. Je refuse la « facilité ». Je refuse d'arrêter d'y croire. Ah, espoir, quand tu nous tiens... Et je ne veux pas donner raison à tous ceux qui ont contribué à mon malheur. Cela s'avère un sacré moteur.

Alors, je décide de me battre encore, de ne rien lâcher. Je suis convaincu que mes efforts finiront par payer. N'ai-je pas la vie devant moi ?

Malgré les embûches, je continue les démarches. Comme rien ne peut être simple, j'ai perdu mes papiers d'identité. Il faut tout refaire. À Metz, ce fut relativement simple et rapide ; à Paris, c'est une autre paire de manches. Sans papier, sans adresse, sans stabilité minimum, il est quasiment impossible de trouver un emploi. Je n'en ai pas l'énergie nécessaire non plus. Ni même de refaire ma pièce d'identité. Néanmoins, je suis toutes les pistes que l'on me conseille, en déposant partout des dossiers de demande d'aide. Tout n'est plus qu'une question de patience. Dans la rue, il vaut mieux en avoir en réserve. La mienne s'épuise : j'en ai assez que quelques bouts de papiers administratifs repoussent toujours l'horizon.

Il est difficile d'imaginer ce que j'endure alors. Je fais mine de montrer que tout va bien, mais un sourire peut masquer tellement de choses. Je ne peux et ne veux être contraint à passer ma vie à me plaindre. Mais je ne suis pas gâté. Dans mon entourage, on commence à être indisposé par le fait que je me plaigne tout le temps. Je les comprends. Moi-même, j'ai du mal à me supporter.

Je n'arrive plus à choisir entre échouer ou réussir. Ai-je seulement le choix ?

Cap à l'ouest
Autant vous dire que j'ai attendu ce jour comme aucun autre auparavant. Et le dicton dit vrai : les bonnes choses arrivent au moment où l'on s'y attend le moins. C'est, de nouveau, par le biais de personnes qui veulent mon bien que m'est apportée une solution. La bonne cette fois-ci, du moins j'ai envie d'y croire.

Nous sommes à l'été 2014. Grâce à une journaliste qui nous

a mis en relation, c'est du côté de Nantes que mon chemin me conduit, chez Catherine (nom d'emprunt). Elle vient m'accueillir à la gare, nous faisons connaissance en déjeunant. J'avais presque oublié ce qu'est... un repas. Ensuite, nous partons en voiture, car elle habite à Tiffauges, à une heure de route. Nous poursuivons notre conversation pendant le trajet, avant que je sombre dans un sommeil profond.

En arrivant, je rencontre son compagnon, Christophe (nom d'emprunt). Ils ont eu la gentillesse de m'aménager une chambre. J'ai tout de même du mal à me projeter dans le futur, car je commence à y croire, donc va forcément surgir un problème.

Sans attendre, je m'inscris à la mission locale, afin de pouvoir débloquer quelques aides, par exemple pour suivre une formation du type de l'École de la deuxième chance. Elle m'est accordée en quelques jours, la rapidité est surprenante et tellement appréciable ! En revanche, la question des transports est plus compliquée : il y a un seul passage de bus par jour, que ce soit le matin ou le soir au retour. Il ne va pas falloir le louper.

En attendant le début de la formation, j'aime me promener dans Tiffauges, commune de moins de deux mille habitants où il fait bon vivre, principalement connue pour le château de Barbe Bleue et son cœur historique. Je fais aussi du sport et commence à écrire ce livre.

La formation est identique à celle de Metz. Je n'apprends rien. De plus, le bus passe parfois avec vingt minutes d'avance, donc repart sans moi. Cela finit par éteindre ma motivation. J'arrête.

Je dépose une demande d'aide financière à la mission locale. Il faut d'abord que j'interrompe les demandes en cours auprès des autres missions locales où je me suis inscrit auparavant. Ma vie est-elle rythmée par la paperasse administrative ? Oui, mais c'est logique : cela permet de limiter les fraudes. Sinon, il serait trop facile de demander à droite et à gauche.

Bel endroit pour une rencontre

Certes, j'ai traversé des épreuves, c'est le moins que l'on puisse dire, mais il m'a été offert des rencontres extraordinaires. Sans elles, et toute la générosité et la bienveillance qu'elles m'ont témoignées, je ne serai pas là où j'en suis aujourd'hui. Je ne serais même plus là.

Une nouvelle rencontre va changer ma vie. Christian est un ami de Catherine, découvert lors d'un week-end qu'il vient passer à Tiffauges. Il habite en région parisienne, à Saint-Aubin, village de l'Essonne (91). Avec Catherine, nous lui rendons visite à plusieurs reprises. Et de fil en aiguille, un lien se tisse entre nous. À l'époque, je peux croire à la malédiction contre moi, mais pas vraiment au destin. Pourtant, au moment-même où Christian franchit la porte lors de notre première rencontre, je sais que quelque chose vient de se produire.

Après trois mois chez Catherine et Christophe, qui m'ont si bien accueilli, j'emménage donc chez lui en novembre 2014, « officiellement » pour quelques semaines. Finalement, nous nous quitterons quatre ans plus tard. Oui, il m'aura fallu autant d'années pour trouver la force de quitter le confort familial. Moi qui ignorais ce que c'était. Nous y reviendrons.

Christian m'accueille donc temporairement, afin que je puisse préparer le procès de Rennes à venir, notamment rencontrer les journalistes. Il ne sait pas encore dans quoi il vient de s'engager, d'autant plus que sa famille n'est pas spécialement enthousiaste à cette idée.

Il m'achète des vêtements, car je suis démuni et l'hiver est froid. Je retrouve l'énergie pour entreprendre les démarches, et j'obtiens une nouvelle carte d'identité, un passeport et la CMU. En attendant de pouvoir travailler, j'effectue des petits travaux pour Christian au sein de sa société. C'est une façon de le remercier.

Puis je décroche mes premières missions en intérim. Ça y est, je travaille ! Presque un miracle par rapport à ce que j'ai vécu et qui m'était promis. Déménagement, manutention, aménagement de salles de conférence, je prends tout.

Retour vers le passé
Christian est psychosociologue. Cela me permet d'entamer une forme de thérapie avec lui. Les premiers jours ne sont pas faciles. Je ne suis pas stable mentalement et lesté de sacs entiers de mois et de mois de rue. Alors forcément, on peut s'attendre à quelques heurts. Ainsi, la première fois que Christian entre dans la chambre pour me réveiller, je lui jette presque un cendrier en verre à la figure. Il saisit alors l'ampleur de la tâche qui l'attend.

Comme Hélène à Metz, il comprend qu'il ne faut pas me brosser dans le sens du poil. Et c'est exactement ce qu'il fait : il m'impose des limites. Son aide me deviendra précieuse pour la suite. Sur tous les plans.

Par exemple, grâce à ses amis, je découvre la vie en société, moi qui n'en connais que celle des foyers et de la rue. Évidemment, j'aime ma nouvelle vie. Je sens enfin que je peux aller de l'avant sans trop me préoccuper de ce qu'il y a derrière moi.

Il m'arrive souvent de retourner à Paris. Je déambule par les lieux et les rues qui m'ont tant marqué. C'est néanmoins bizarre de revenir, la sensation est étrange, indescriptible. Je ne peux pas non plus décrire ce que je ressens en recroisant ceux rencontrés lorsque je dormais dehors. Mais ma « réussite » ne plaît pas à tous. Il flotte un air de jalousie. La rue est un monde à part que je ne tenterai jamais de comprendre. Pourquoi ne pas se réjouir que l'autre en ait réchappé ? De savoir que c'est possible ?

En revanche, il est agréable de repasser devant la terrasse du café qui m'a abrité de longs mois. J'entre. Cela fait plaisir au personnel de savoir que je m'en suis sorti. Que d'émotions ! Quelle gratitude j'ai envers eux de m'avoir traité comme... un être humain. Et non comme un rebut. Cela a forcément pesé dans mon envie d'une autre vie. Mais la rue laisse des traces. On met longtemps à s'en débarrasser. Ainsi, même en sécurité, je regarde toujours derrière mon épaule. Et je reste très méfiant avec ce qui m'entoure. Mais une certitude m'anime : dès le premier jour chez Christian, je me jure que jamais plus je ne retournerai à la rue.

Une vie tranquille ?
Rien n'oblige Christian à m'offrir ce qu'il fait pour moi. Et même, quelle est la probabilité de croiser une personne comme lui dans ma vie ? Il m'offre un réconfort qui m'a été très peu accordé. De l'attention, de l'écoute, de la patience. Il faut en avoir, avec moi. Je ne suis pas un cas facile, je trimbale les poubelles d'une vie fissurée. Je finis par me persuader que le destin me récompense de ne pas avoir lâché. Continuer à lutter est la seule voie.

Les semaines passent, je sens que je m'en sors de mieux en mieux. Nous fêtons Noël. De l'émerveillement à chaque instant. J'ai beaucoup de retard à rattraper.

Je suis parvenu à me faire accepter par sa famille. Christian passe une partie de son temps à tenter de sauver le monde. Qu'il m'accueille n'étonne pas ses enfants. En ce qui me concerne, il ne fait pas dans la dentelle. Il prend le problème à bras le corps, tout en me préservant. Il accomplit en quelques semaines ce que nul n'a réussi auparavant. La patience commence à payer, je reprends goût à la vie. Pourtant, j'avoue ne pas lui avoir rendu la vie facile. Beaucoup auraient jeté l'éponge. Pas lui.

À mon arrivée, je suis encore habité par la haine et la colère. La rue m'a forgé à ne pas me laisser faire, et je suis prompt à me bagarrer. Je suis capable de menacer Christian dix fois par jour. Aujourd'hui, nous en rigolons, mais deux caractères trempés peuvent produire une situation électrique. Cependant, il n'a jamais perdu foi. Ni confiance. C'est salvateur. Et fondateur.

Tout passé laisse des traces. Il peut même devenir handicapant, pour moi et tant d'autres enfants qui ont été abusés. Ainsi, il m'est impossible de m'endormir la lumière éteinte, le noir me terrorise. Je fais encore énormément de cauchemars. Il m'arrive aussi de vivre des terreurs nocturnes, où je me réveille en panique. Je ne sais plus alors où je suis, ni qui je suis.

Le même cauchemar me hante souvent, depuis des années. Je suis allongé sur un lit, en travers, et en train de me faire violer par un homme. J'ai la tête vers le bas et, dans le miroir face à moi, je discerne son corps, mais pas la tête.

J'en ai parlé à des médecins spécialisés. Sans résultat. La seule chose qui, selon moi, pourrait m'aider, est l'hypnose, mais j'en ai peur. J'essaierai sans doute un jour. Cela me permettra probablement de comprendre beaucoup de choses. Du moins, je l'espère.

J'atteins un moment de ma vie où j'aimerais fonder un foyer, construire un projet à deux et avoir des enfants. Mais l'envie le cède à la peur. Il est facile d'envisager le pire. Ainsi, des statistiques montrent que 70 % des enfants victimes de viol sont susceptibles de reproduire ce qu'ils ont vécu. Je ne me sens pas concerné, mais, malheureusement, l'idée plane au-dessus de nous. Pourtant, je suis persuadé qu'avec un bon suivi, comme j'ai pu en bénéficier, il est possible de s'en sortir, même si le risque zéro n'existe pas. Donc oui, je me demande parfois si je serai capable d'être un bon père. De toute façon, mon passé ne reflétera jamais ce que je suis, je sais qu'il m'est impossible de violenter un enfant.

Il m'est cependant arrivé d'avoir ce qui est appelé des « flash-back » : dans des cauchemars, je m'imagine en train de faire du mal à un enfant. La sensation est insupportable. Avec courage, je tente d'en parler, mais personne ne veut m'écouter. Je dois trouver une solution. Sinon, comment me réparer ?

Elle arrive grâce à une thérapie avec un pédopsychiatre, pendant quelques semaines. C'est violent. Pour lui aussi. Il me dira même que c'est insoutenable. Il considère toutefois mes cauchemars comme normaux. C'est plutôt l'inverse qui l'aurait inquiété. Ce travail ensemble est précieux. Il ne peut effacer mon passé, mais contribue à me redonner confiance. Les cauchemars continuent. Peut-être viennent-ils moins souvent me réveiller ? J'en fais encore parfois.

On ne choisit pas ses parents, ni sa famille. Évidemment, je ne pourrai jamais oublier. On ne peut faire autrement. Mais on apprend à vivre avec. Selon mon expérience, c'est d'abord une question de choix. Le choix de décider ce que l'on veut vivre. Et donc d'en faire une force. D'ailleurs, c'est sans doute ce qui me fait tenir depuis le début.

Parole d'enfant

Depuis l'affaire d'Outreau et la façon dont elle a été jugée, la parole des enfants est fragilisée. Personne dans le monde judiciaire ne semble vouloir le reconnaître. Moi, je le vis au quotidien. Ainsi, je suis confronté des centaines de fois sur les réseaux sociaux aux insultes de parents, dont le témoignage des enfants n'a pas été pris en compte par la Justice. Perturbés par un système qui les dépasse, leur peine les amène à nous tenir responsables, nous les enfants victimes d'Outreau, de la manière dont est considérée désormais la parole de l'enfant. C'est-à-dire sans valeur. Ou presque. Je comprends leur douleur, car je connais cette sensation de ne pas être écouté. Voire d'être inexistant aux yeux de la Justice. Qu'y puis-je ?

Au-delà des injures, on est même allé jusqu'à me dire que si les autres enfants et moi nous étions tu, on n'en serait pas là. Il fallait donc taire l'horreur que nous subissions ? Cela n'a pas de sens, évidemment.

Qu'elle s'appelle « brigade de protection des mineurs » ou « brigade de protection de la famille », comme c'est le cas aujourd'hui, sauf à la préfecture de police de Paris, il est essentiel qu'un mineur victime de violence ou d'agression sexuelle puisse s'exprimer seul. Si un adulte ou un proche de la famille peut assister à l'interrogatoire, surtout si c'est lui l'abuseur, l'enfant ne parlera pas. Par peur des conséquences. D'ailleurs, je reçois des demandes de conseil de la part de parents, du fait de mon « expérience ». Je rêve de faire de mon parcours une véritable lutte. Je souhaite témoigner pour permettre aux enfants de trouver la force dont ils ont besoin. Et que les violences sexuelles ne soient plus un tabou en France. Et qu'elles s'arrêtent, même si cela paraît utopique dans l'immédiat. Cependant, avant d'aider les autres, encore faut-il que je continue de m'aider moi-même.

Deux mois avant le procès, ma copine et moi nous séparons. Mon comportement l'a amenée à partir. Je suis déjà à vif, je n'arrive pas à m'en remettre. La dépression est profonde. Je me mets à boire. Je recommence à prendre des médicaments pour un oui ou un non, je me scarifie les bras. Tout cela ne mène nulle part, je le sais. Je ne suis pas le premier à être laminé par une peine de cœur. Il ne me reste plus qu'à rebondir.

Et à préparer le procès, qui approche à grand pas. Mon avocat organise des entretiens avec des journalistes, y compris ceux qui n'ont pas été tendres avec nous, les enfants d'Outreau.

En particulier, je citerai Florence Aubenas, l'une des journalistes les plus emblématiques à suivre l'affaire. Quatre mois après sa libération d'otage en Irak, elle sort un livre intitulé *La méprise* (octobre 2005), dans lequel elle prend le parti des accusés et nous traite d'enfants menteurs. Voici un extrait de sa fiche Wikipedia dans la rubrique *Polémiques* : « L'ouvrage de Florence Aubenas, *La Méprise: l'affaire d'Outreau* a été signalé à plusieurs reprises depuis 2009 (citations à l'appui) pour désinformation, informations erronées ou données contraires à la réalité. »[29]

Cela surprend tellement d'observateurs, qu'il est évoqué qu'elle l'aurait écrit sur commande, afin de contribuer à l'objectif politique visant à supprimer le juge d'instruction, devenu quasiment le seul responsable et parfait bouc-émissaire de ce qui sera appelé par la suite « le fiasco de l'affaire d'Outreau ». Quoi qu'il en soit, il ne m'appartient pas de me prononcer sur ses motivations. En revanche, nous reviendrons sur le « fiasco ».

En attendant, voici un petit bonus, que nous offre un homme de Dieu, l'abbé Dominique Wiel, l'un des acquittés de Paris, qui écrit dans son livre *Que Dieu ait pitié de nous !*[30] une lettre adressée à mes deux frères aînés :

> Cette lettre, c'est d'abord pour que vous sachiez, l'un et l'autre, que je n'ai jamais cru un mot de vos « salades », que je n'ai jamais cru à vos récits de viols, et même jamais cru à la culpabilité de vos parents.

La foi rend-elle aveugle et sourd ?

---

29. https://fr.wikipedia.org/wiki/Florence_Aubenas
30. *Que Dieu ait pitié de nous*, Oh ! éditions, 2006, p. 253.

Chapitre 13
Le procès de Rennes

Outreau III
Alors qu'elle semblait définitivement terminée avec le procès de Paris, l'affaire réapparaît dans l'actualité judiciaire par un volet particulier, qui ne concerne qu'une personne, l'un des six acquittés. En effet, l'association Innocence en danger et le syndicat FO-Magistrats alertent le parquet général de Douai quant à la prochaine prescription pour des faits que Daniel Legrand fils aurait commis en tant que mineur entre 1997 et 1999. Et c'est ainsi qu'un troisième procès se tiendra à Rennes du 19 mai au 6 juin 2015, dix ans après celui de Paris.

En réalité, je ne veux pas y participer : nous savons comment se sont terminés les deux précédents. Finalement, je change d'avis et me porte partie civile avec deux de mes frères. Devenus adultes depuis les deux procès précédents, il est temps que le public entende ce que nous avons à dire.

Dès l'annonce de la tenue de ce procès, les avocats de Daniel Legrand crient au scandale, scandant que l'ex-procureur général de Douai leur a promis à l'époque que ce cas ne serait jamais rejugé, même pour la période des faits où il était mineur. De plus, ils considèrent qu'il n'y a rien de nouveau dans le dossier, donc que ce procès est inutile. Ils n'en seront pas moins redoutables.

D'ailleurs, ils commencent fort, puisqu'ils accusent mes frères et moi dans les médias de subornation de témoins. Nous aurions soi-disant envoyé des messages à d'anciennes victimes de l'affaire en leur promettant des indemnités financières de la part de l'État si elles acceptaient de témoigner. Évidemment, c'est faux et aucune preuve n'est apportée par les accusateurs. En revanche, ce que nous avons fait, c'est lancer un appel à témoins via les réseaux sociaux. Cela n'a rien d'illégal, et ne peut que servir la justice. Pourquoi nous le reprocher ? Néanmoins, le ton est donné. Il sera identique aux deux procès précédents.

Le début des audiences

Le procès s'ouvre à la Cour d'assises de Rennes le 19 mai 2015, soit, comme à Saint-Omer, le mois de mon anniversaire. Je vais donc le fêter au tribunal, car j'assisterai à toutes les séances. Néanmoins, il n'y a ni gâteau, ni bougie, ni cadeau.

Le parvis du Parlement de Bretagne est noir de monde. De plus, comme ce monument se visite, nous croisons de nombreux touristes dans les couloirs. Certains voudront même faire des selfies.

J'arrive serein au tribunal, où une armée de journalistes nous attend. Je fais juste une courte déclaration. Bien entendu, ils n'ont plus la même personne devant eux : j'ai dix ans de plus et vingt-et-un ans.

Le dispositif de sécurité est impressionnant. Rien d'étonnant pour un procès de cette envergure et sous tension. Rappelons que des menaces de mort ont déjà été proférées à maintes reprises et depuis le début. Ainsi, dès le premier jour, il se dégage de la salle une ambiance comparable à celle du procès de Saint-Omer, d'autant plus qu'il ne se déroule pas à huis clos.

Le président est accompagné de deux femmes assesseurs. Il fait tirer au sort l'équipe de jurés et de suppléants. Les avocats de la défense en récusent quatre ou cinq. Sur quels critères ? Délit de faciès ?

On peut aussi se poser des questions quant aux moyens mis en œuvre pour défendre Daniel Legrand, représenté par moins de six avocats, dont le célébrissime Éric Dupond-Moretti. N'est-ce pas beaucoup ? D'autant plus que mon avocat ne se fait pas d'illusion quant à l'issue du procès : il me prépare à l'idée qu'il y aura acquittement. Pourtant, la cour et le jury sont là pour juger, donc comment le résultat pourrait-il être acquis avant même le commencement ?

Audition vagale

C'est dès le deuxième jour que je suis appelé à la barre. Je décline mon identité et ma profession : sans. Franck Berton, l'un des avocats de la défense, s'avance et m'adresse : « Je ne veux pas que vous ayez peur de moi. » Je ris et lui rétorque : « Je n'ai jamais eu peur de vous. » Veut-il me déstabiliser ?

La séance est interminable, deux heures ou plus, je ne me souviens pas exactement. Pourtant, seulement deux ou trois questions concernent Daniel Legrand. Son cas est réglé dès le début, en à peine plus d'un quart d'heure. C'est pourtant l'objet du procès. Ses avocats me demandent s'il était présent et dans quelles conditions. Je confirme et donne les détails. Puis ils passent rapidement à d'autres sujets, qui ont trait au procès de Paris dix ans plus tôt, au point que j'interroge le président pour savoir si nous sommes là pour juger le procès de Paris ou Daniel Legrand. Il réplique : « Répondez aux questions. »

Elles portent sur le meurtre de la petite fille belge, les relations sexuelles avec les animaux... À ce moment, l'un des avocats de la défense, Hubert Delarue, ironise à voix basse que je me suis fait violer par une girafe. Je me retourne vivement : « Tu as quelque chose à me dire ?! » Évidemment, je n'ai plus dix ans. Le Président me demande ce qui se passe, car il n'a pas entendu. Mon avocat lui explique, et son confrère reçoit un rappel à l'ordre. Les années passent, les avocats de la défense sont toujours aussi classe.

Je reste très étonné quant à la façon dont je suis interrogé. Tout est fait jusqu'au bout pour détourner l'attention sur les procès précédents. Pourtant, ce n'est pas l'objectif de celui-ci, censé ne porter que sur le cas Daniel Legrand lorsqu'il était mineur. À part la quinzaine de minutes au début, il n'en sera plus question. Ce qui finit par me déstabiliser. Ne me sentant pas bien, je demande une suspension d'audience. Dans les couloirs, je fais un malaise vagal.

Retour en scène. Les questions diverses reprennent. Plus le procès avance, plus les avocats ne semblent pas là pour défendre l'accusé – le résultat paraît déjà acquis –, mais plutôt ce qu'ils défendaient dix ans auparavant. Pourtant, ils obtinrent gain de cause, puisque leurs clients furent « acquittés » par le procureur général et, accessoirement, par le jury le lendemain. Est-ce pour cela d'ailleurs qu'ils sont si nombreux à Rennes ? Même l'avocat-star honore la Cour de sa présence.

Est-il utile aussi de faire témoigner à la barre les acquittés de Paris, ne serait-ce pour la simple raison que, dix ans auparavant, la plupart expliquait ne pas connaître Daniel Legrand ? Est-ce une tentative de plus pour influencer la justice plutôt que la servir ? Sans parler, évidemment, des jeux d'acteur qui accompagnent la mise en scène générale.

Audiences familiales

Le procès est d'autant plus éprouvant que nous savons que nous allons le perdre. Il est toutefois riche en émotions de par la présence de mes frères. L'un d'entre eux est alors incarcéré. Je le vois arriver menotté avec un nombre impressionnant, sans doute excessif, de policiers. On semble le traiter comme un terroriste. Cela me fend le cœur.

Mon père n'est pas présent, mais intervient par visioconférence depuis sa prison. Je préfère ne pas l'avoir en face de moi, car j'ignore ce que j'aurais ressenti, maintenant que je suis adulte. La dernière fois que je l'ai vu, c'était au tribunal de Paris, dix ans plus tôt.

Sa déposition à ce procès de Rennes me donne le sentiment que tout a été préparé à l'avance : il déclare la même chose que ma mère, quasiment au mot près. Il est sans doute légitime de penser que c'est la vérité ; pourtant, ni mes frères ni moi ne la partageons.

En revanche, ma mère est là. Depuis Paris, c'est la troisième fois que je la vois. La première, à l'âge de quinze ou seize ans, lorsque je suis encore à Bon Secours. La visite est organisée par le Conseil général, dans l'établissement pénitentiaire où elle est incarcérée. Je n'ai jamais pénétré dans une prison : c'est un choc. C'est très froid, très vide, c'en est terrifiant. Pendant notre entretien, qui dure une heure, elle ne me laisse pas parler et ne pose que des questions sur moi, où j'en suis, ce que je fais, etc. Je réussis à placer celle qui est fondamentale pour moi : « Pourquoi nous as-tu fait ça ? » Elle se tend et me répond qu'elle n'avait pas le choix et est désolée. Je mets fin à l'entretien en demandant à mon accompagnatrice de partir.

Après sa sortie de prison en 2011, elle demande à me voir. Finalement, je la rencontre en Bretagne courant juillet 2012, où elle est désormais installée. Nous nous retrouvons dans un café. Je lui repose la question du pourquoi, la seule raison qui me fait venir. Elle a exactement la même réaction que la fois précédente : elle me redit qu'elle n'a pas le droit d'en parler, qu'elle n'a pas le choix. Je me lève, notre entretien est terminé. Il n'a duré que dix minutes. Nous n'aurons pas d'autre échange pendant les trois années qui suivront, jusqu'au procès de Rennes.

Je pense qu'on l'empêche de parler. C'est d'ailleurs son avocat, Me Crépin, qui apporte la réponse dans le reportage *Les Rescapés d'Outreau* de la série *Mémoire du crime* (2014), à la question qui lui est posée sur ce point :

– Myriam Badaoui n'a pas le droit de s'exprimer aujourd'hui, la justice le lui a interdit. Est-ce que vous trouvez cela normal ?

> – Ce n'est pas normal. Cette femme est muette. Il faut qu'elle soit muette pendant dix années après sa libération. Qu'est-ce qu'on craint ? Je crois que Myriam Badaoui a été une arme extrêmement utile et qu'on craint sans aucun doute qu'elle puisse expliquer aujourd'hui les conditions dans lesquelles elle a pu non seulement faire des aveux, mais aussi porter des accusations extrêmement graves. [...], mais qu'elle soit bâillonnée, ce n'est pas normal.[31]

Effectivement, pourquoi la Justice lui interdit-elle de parler pendant une durée aussi longue, c'est-à-dire jusqu'à plus de vingt ans après les faits ? Notons, d'ailleurs, que :

2011 (libération) + 10 ans = 2021...

Puis arrive le procès de Rennes. Lors d'une audience, je sollicite la possibilité de m'adresser à elle. Le président l'autorise, après débat avec les avocats de la défense. Ma première question est directe : « Qu'est-ce qui t'a amenée à faire tes rétractations à Saint-Omer ? » Je suis immédiatement interrompu par la défense. Le président me demande de ne pas m'éloigner du sujet. Je pose une deuxième question : « Alors, Daniel Legrand n'était pas là ? »

Elle me répond que je me trompe, qu'à part mes parents et les voisins, il n'y avait personne d'autre. Bien que je ne voie pas son regard – étrangement, elle est autorisée à témoigner à la barre avec un foulard qui lui couvre le visage –, je lui redemande : « Regarde-moi dans les yeux et dis-moi que Daniel Legrand n'était pas présent. » Elle répond qu'il ne l'était pas, sans me regarder. Elle vient de l'innocenter. Cela fera la une des journaux.

Je ne l'ai pas revue depuis, c'est-à-dire plus de cinq ans. Je pense que je ne le pourrai pas tant qu'elle ne se sera pas « mise à table », au moins en privé.

---

31. https://www.youtube.com/watch?v=OOsKZM0ciZs. À partir de la minute 24.

À Rennes, je revois aussi les Martin. Citée comme témoin par mon avocat, Mme Martin en ressort meurtrie : les avocats de la défense sont féroces contre elle, lui reprochant d'avoir orienté, pour ne pas dire influencé voire « trafiqué », mes déclarations. En résumé, c'est comme si tout était de sa faute, ou presque.

Scènes d'audience
Il m'a souvent été reproché de quitter la salle de façon intempestive. Même à Rennes, surtout à Rennes, où j'ai, pourtant, vingt-et-un ans. Ne peut-on comprendre que ces séances sont intenables pour moi ? Je refuse, par exemple, d'assister à la projection de ma première audition à cinq ans et demi au commissariat de Boulogne-sur-Mer. Même adulte, je ne suis pas prêt à revoir cette scène. Surtout en public. Je raconte des choses insupportables en ayant le sourire, comme si c'était normal. De toute façon, je ne connais rien d'autre de la vie, alors celle que je mène me paraît normale, quoique un peu lourde. Le président me prévient que ce sera l'unique occasion de revoir cette séquence. Effectivement, j'en fais la demande au greffe de Douai environ deux ans plus tard, mais elle est refusée.

Sont parfois projetées des photos dont je ne comprends pas la pertinence, comme celles prises lors des perquisitions chez mes parents. Elles montrent des scènes insupportables. Quel intérêt ? Quel est le rapport avec ce procès ? En plus, elles me projettent dans le passé, ce qui, inévitablement, me déstabilise. Est-ce pour cette raison que les avocats de la défense semblent motivés pour polémiquer dessus sans fin ? Même si le résultat du procès paraît acquis, jouent-ils toutes leurs cartes pour ne pas risquer une mauvaise surprise de dernière minute ?

Tous nos témoins, les uns après les autres, continuent de se faire tailler en pièce. Soit par l'avocat général, soit par la défense.

Quant aux jurés, certains laissent fuiter dans leur regard qu'ils ne savent pas ce qu'ils font là. Dont une, qui disparaît au milieu du procès. Nous apprenons qu'elle est malade et ne peut continuer. Nous comprendrons plus tard qu'il lui a été demandé de partir, car elle s'est mise à pleurer pendant la déposition de l'un mes frères. Il faut dire qu'elle est insoutenable. Même moi, je suis choqué.

En revanche, ce n'est pas le cas des deux femmes assesseurs, à côté du président, car elles se permettent de rire pendant nos dépositions. Malgré l'horreur décrite. Qu'y a-t-il de drôle dans ce que nous avons vécu ? Quel est le message à comprendre ? Je suis abasourdi. Il n'y a plus qu'à se laisser guider par la suite des événements.

Au tour du présumé innocent
Daniel Legrand a la même tête, le même regard. J'ai l'impression que le temps s'est figé depuis dix ans et le précédent procès. C'est une sensation étrange. Quand arrive son tour, il n'est pas inquiété par les questions qui lui sont posées. Pas même par l'avocat général, Stéphane Cantero, qui prend sa défense : s'il a avoué les faits à trois reprises – avant de se rétracter – donnant des « détails d'une très grande précision » de certaines scènes et « présentant ses excuses aux enfants »[32], c'est la faute du juge Burgaud. De toute façon, des éléments de la procédure plaident en sa faveur : par exemple, sa photo ne nous a jamais été présentée en audition, à la différence des autres acquittés. De plus, il y a deux Daniel Legrand, le père et le fils, et nous les appelons « Dany », donc cela crée de la confusion, qui ne peut que profiter à l'accusé, même si je l'ai reconnu et ai expliqué qu'il avait rencontré mon père en venant changer une vitre. Il est également présenté comme meurtri

---

32. *Procès d'Outreau : Daniel Legrand « a avoué les faits à trois reprises », se défend le juge Burgaud*, L'Express.fr, 22 mai 2015.

et affaibli par toutes ces années de souffrance, et déjà acquitté lors des deux précédents procès. Ce qui est vrai.

En conséquence, le réquisitoire est sans surprise, à la satisfaction quasi générale : le procureur demande un acquittement non pas au bénéfice du doute, puisque le dossier est vide selon lui, mais parce qu'il estime que Daniel Legrand est innocent. Il me fixe même dans les yeux et déclare : « Daniel Legrand est innocent. »

Je profite qu'il reprenne sa respiration pour me lever et l'interpeller : « Mais vous étiez là, vous, quand ça se passait ? » Après un instant de flottement, il se reprend et me répond : « Vous vous trompez. » Je n'ai plus rien à dire.

Comme à Paris, les avocats de la défense s'avancent tous devant la barre pour déclarer que tout ce qui devait être dit l'a été, et annoncer qu'ils ont décidé de ne pas plaider. Effectivement, pourquoi plaider, puisque le ministère public a déjà fait le travail ?

Je ne sais plus le nombre d'heures qu'a duré le délibéré. Dans ma tête, de toute façon, c'est clair, et depuis le début du procès : Daniel Legrand sera acquitté. C'est ce qui est annoncé. Personne dans la salle n'a l'air étonné de la décision.

C'est ainsi que s'achève le troisième procès d'Outreau. Même si je souhaitais un autre résultat, je demande à saluer le président, d'ailleurs très étonné de ma démarche. Elle me paraît normale. De plus, l'une des raisons de ma venue était de pouvoir m'exprimer dans un climat un peu plus serein, c'est fait.

À la sortie de la salle d'audience, j'éclate en sanglots. J'évacue ainsi la pression de trois semaines de procès violent psychologiquement. Ce procès aura été très émouvant. C'est ce que je déclare aux médias qui nous attendent devant le tribunal.

Voilà, le verdict est rendu, l'affaire est jugée et terminée.

Chapitre 14
Épilogue inachevé

Une identité qui dérange
Néanmoins, je retourne à Paris en me sentant meurtri. Il me faudra au moins deux ou trois mois pour digérer le résultat. Heureusement, un emploi m'attend. En effet, avant le début du procès, le directeur d'un restaurant m'a signé une promesse d'embauche pour mon retour. Or, tout ne va pas se passer comme prévu. La malédiction continue ? Non, l'idée m'a quitté depuis que Christian m'a accueilli.

Je me rends donc au travail pour mon premier jour. Malheureusement, j'ai fait la une de quelques médias pendant le procès de Rennes. Lorsque j'entre dans la salle du restaurant, plusieurs clients me reconnaissent. Certains se lèvent et m'applaudissent. C'est, bien entendu, ce que le directeur redoutait. En conséquence, il me congédie quasiment sur le champ. J'ai donc travaillé dans la restauration... le temps d'un service de midi.

Avant qu'elle ne s'estompe, cette médiatisation me joue encore quelques tours. Je prends rendez-vous avec mon conseiller Pôle emploi. Sa recommandation me glace : je ferais mieux de changer de nom. Et il me l'annonce comme une évidence. Une banale formalité.

Je me doutais que cette situation surgirait un jour ou l'autre, mais pas avec cette ampleur. Dois-je rester inactif ? À ne pas travailler parce que mon nom porte les stigmates d'un massacre judiciaire ? Il est clair désormais que cette affaire me poursuivra toute ma vie. Toutefois, je ne peux me cacher derrière pour justifier que je ne trouve pas de travail. Après m'être laissé un peu aller, j'enchaîne les petits boulots. Je refuse de compter tout le temps sur Christian.

La vie suit son cours, mais la question de mon identité ne me lâche pas. En effet, elle n'engage pas que moi : il m'est déjà intolérable que ma future femme ou mes enfants puissent être liés au nom de mes parents et en pâtir. Je dois en changer. C'est d'ailleurs une des promesses que je me suis faites à mon retour de Rennes.

En conséquence, je me renseigne et j'écris à l'état civil pour entamer les démarches. Au vu des circonstances, ce devrait être accordé. Néanmoins, je ne reçois pas de réponse. Je renouvelle la demande, qui reste lettre morte. De toute façon, ce n'est pas encore ma priorité, car, tant que je ne serai pas marié, je peux continuer de m'accommoder de mon nom. De plus, lequel choisir ? Je n'en ai aucune idée. Évidemment, si je ne veux plus de celui de mon père, ce n'est pas pour prendre celui de ma mère. Elle a d'ailleurs entamé des démarches pour en changer aussi. Et je ne peux pas non plus choisir pour patronyme la ville où j'ai grandi.

La solution peut-elle venir de mes grands-parents ? Du côté paternel, je n'ai jamais rencontré mon grand-père et j'ai dû voir ma grand-mère à peine quelques fois. J'en garde un souvenir marquant, lorsqu'elle me poursuit avec son dentier pour me terroriser. Je me rappelle avoir parlé d'elle comme « la sorcière ». Quant à mes grands-parents maternels, ils sont séparés. Elle, je ne la connais pas ; lui est décédé lorsque j'avais deux ans. Pour mon identité, la lumière ne peut que venir d'ailleurs.

Elle me dérange d'autant plus que je suis incapable de définir qui est « ma famille ». En effet, quel sens peut encore revêtir ce mot avec de tels parents, alors que je ne connais pas mes grands-parents ? Et que j'ignore qui sont mes oncles et tantes, et même si j'ai des cousins et des cousines ? Quant à mes demi-sœurs, j'en ai déjà parlé. Je suis né déraciné.

Une autre chose me perturbe. Je m'en suis ouvert à un avocat : il me confirme que mes parents, même s'ils sont déchus de leurs droits parentaux, pourront solliciter un droit de visite vis-à-vis de leurs petits-enfants. Certes, l'obtenir n'est pas acquis, c'est même peu probable étant donné les antécédents. Néanmoins, ils peuvent le demander. L'idée qu'ils puissent rencontrer leurs petits-enfants m'est inacceptable. Et inversement. Est-ce moins perturbant de penser que mes enfants pourront aussi en éprouver le désir ? Le leur refuser, c'est aussi les couper de leurs racines. Quoique j'ai pu en souffrir, en ai-je le droit ?

De même, je devrai leur parler de mon histoire. À quel âge ? Sans doute le plus tard possible. Avec le risque alors qu'ils l'apprennent par l'extérieur, et les dégâts que cela peut occasionner. Mais à quel moment peut-on être prêt à aborder un sujet pareil ? De toute façon, il faudra bien que je réponde aux questions sur leurs grands-parents. En l'occurrence, comment expliquer qu'il n'y a ni papi ni mamie ?

Laissons le temps faire son œuvre, il apportera les réponses.

Hommage à Sullivan

Retour à ma période Cerfontaine, où je n'ai pas parlé d'une rencontre inoubliable. Pourtant, des jeunes, j'en ai vu défiler dans ce foyer.

Sullivan arrive quelques mois après moi. Lorsque je le vois débarquer, je me dis : « Encore une tête de racaille. » Si l'habit ne fait pas le moine, le visage non plus. Il est même impossible alors d'imaginer ce que nous allons partager.

Nous apprenons à nous connaître. Petit à petit, un lien indestructible se crée. Nous devenons inséparables. Des frères. Des frères d'armes, vu ce que nous subissons. Aussi des frères d'âme. Cela exaspère les éducateurs : ils ont désormais moins de prise sur nous, d'autant plus que Sullivan mesure 1 m 90 et est taillé comme une armoire à glace. Cela n'empêche pas une sensibilité et un cœur aussi grands que sa carrure.

Le directeur ne supportant pas non plus notre complicité, il le transfère dans une autre structure. Nous vivons mal cette séparation, mais nous savons que nous nous retrouverons. Effectivement, après le foyer, nous partons ensemble en vacances. Lorsque mes nouveaux « amis » commencent à tourbillonner autour de moi, il me recommande de faire attention à mon argent. Ses conseils n'ont pas de prix jusqu'au jour où...

Je me trouve alors chez une amie. Pendant la soirée, une espèce de boule au ventre me met mal à l'aise. Je ne me sens pas bien. Au moment d'aller me coucher, cela ne va pas mieux. Pas moyen de trouver le sommeil. Quelque chose ne va pas, mais quoi ? Finalement, je réussis à m'endormir.

Au réveil, je regarde mon téléphone. Sur l'écran s'affiche un nombre incalculable d'appels de la sœur de Sullivan. Paniqué, je me lève de suite. Ne voulant pas déranger mon amie endormie, je me dirige vers la terrasse pour rappeler. Et là, le choc d'une vie : elle m'annonce que son frère, mon meilleur ami, mon frère, est mort.

Subitement, le temps s'arrête. Et ce n'est pas une simple formule. Je préfère ne pas avoir compris. Je lui demande de répéter : Sullivan est bel et bien décédé dans un accident de la route la veille, dans l'après-midi. Je m'entends encore lui dire « J'arrive ».

J'ai à peine la force de monter dans le bus, puis le train. Je ne veux pas y croire. Tous les souvenirs, les délires, les bons moments... affleurent. Le film se projette tout seul dans ma tête. Non, ce n'est pas possible, je vais me réveiller.

La sœur de Sullivan vient me chercher à la gare. Je rencontre la famille, les amis... Tous nous sommes ravagés. Hors de question toutefois de parler de lui au passé. Il a juste dû s'absenter. De toute façon, il n'aurait pas voulu que nous nous mettions dans cet état.

À la peine indescriptible se mélange la colère contre les responsables de l'accident. Je lui en veux aussi d'être parti si tôt. Mais l'heure n'est pas encore aux regrets, place d'abord au recueillement.

J'ai la « chance » de pouvoir le voir une dernière fois. J'entre dans la pièce, je ne réalise pas que c'est lui. Il est là, allongé, en train de dormir paisiblement. Il est magnifique. Je lui parle. Lui dis que je serai toujours là pour lui, comme lui a pu l'être pour moi. Je reste à le veiller. Et à me remémorer. Notamment lorsqu'il est venu me voir avec sa sœur, tandis que j'habite chez Christian. Alors dans le besoin, il me demande si je peux l'héberger quelque temps. N'étant pas chez moi, c'est compliqué, je ne peux imposer une personne de plus. Aujourd'hui, je regrette toujours de ne pas même avoir demandé. Je profite de ce livre pour le crier encore : je te demande pardon, frérot. Pardon de ne pas avoir été suffisamment attentif. S'il existait une machine à remonter le temps, crois-moi, je le ferais. Je suis désolé. Profondément.

Je ne parlerai pas de la suite des évènements, voulant garder l'image de ce jeune homme au grand cœur qui m'a tant donné.

Je rentre à Paris.

Plus de cinq ans après, je n'ai toujours pas fait le deuil et refuse de le faire. Sinon, c'est parler de lui au passé. Et je me dis qu'un jour mon téléphone sonnera, ce sera lui.

Je tente de continuer d'avancer. La vie ne me fait pas de cadeau, vraiment pas. Pourtant, elle ne veut pas me lâcher non plus : mon cœur s'est déjà arrêté de battre à deux reprises, en étant ramené in extremis. Plus deux autres fois où j'ai failli mourir. Pour l'une, je ne suis pas prêt d'en parler. Peut-être un jour. Ce sera un choc. Un de plus.

Bientôt l'envol...
Cela fait presque deux ans que Christian et sa famille m'accueillent. Et je n'arrive toujours pas ne serait-ce qu'à envisager de me poser de façon indépendante. En fait, je ne peux trouver la force de quitter leur maison. Elle déborde d'énergie. Alors j'ai peur du vide

qui m'attend si je vis seul. La dernière fois, c'était dans la rue. J'ai encore besoin de temps.

Finalement, je prends mon envol en mai 2018. Oui, je quitte le nid. Non sans mal, j'y ai tellement de souvenirs heureux. Les repas en famille, les soirées, les anniversaires, Noël, le Nouvel An... et toute cette générosité.

Certes, mais il est temps de montrer, à moi le premier, que je suis capable d'affronter la vie.

Alors je sais que j'ai déçu des personnes, trop souvent même, mais j'ai tant été abandonné que je refusais d'être aimé. L'amour ne pouvait surpasser la violence de l'abandon. Je profite encore une fois de ce livre pour vous demander pardon. Je ne remercierai jamais assez tous ceux qui m'ont aidé, ont été là, m'ont soutenu, écouté, conseillé et ont fait de moi ce que je suis aujourd'hui. Sans vous, rien n'aurait été possible. Y compris la vie.

Enfin !
Après d'autres péripéties, c'est à Marseille que mon périple se termine, en tout cas dans ces pages. Deux personnes me proposent de m'héberger le temps que je me retourne définitivement. J'arrive le 1er avril 2019, date inoubliable. En six semaines, je réussis à mettre mes papiers à jour, trouver du travail et, maintenant que je me sens prêt, un appartement. Je suis fier d'avoir pu accomplir autant de choses en si peu de temps. Ce sont pourtant des actes banals. Pas pour moi. En fait, rien n'est banal dans la vie.

Évidemment, j'aurais aimé qu'une autre vie me choisisse. J'aurais aimé ne rien avoir vécu de tel, hériter de parents normaux, vivre une enfance épanouie... En effet, qui peut rêver d'être violé, sodomisé, séquestré, battu, vendu et martyrisé ? De passer sa jeunesse entre les familles d'accueil, les foyers, le CER, la psychiatrie, la rue... ? Sans oublier la justice. Et dormir par des températures de -20°, dans des ascenseurs, des toilettes et tout ce qu'il y a de plus dégradant. Plus des dizaines de tentatives de suicide.

Je reste encore marqué aujourd'hui par toutes ces années de souffrance. Je suis le rescapé d'une vie passée entre les mains d'individus qui n'ont pas donné cher de mon corps. Ni du reste, d'ailleurs. De toute façon, valais-je plus ? Est-ce pour cela ensuite que j'ai commis tant de choses dont je ne suis pas fier ? Il m'était facile de les légitimer en me cachant derrière mon passé. En affichant une identité qui n'était pas la mienne. En me mentant à moi-même. Et forcément aux autres – certains sauteront sans doute sur l'occasion pour dire : « Ah, il reconnaît qu'il a menti ! » ; non, je n'ai pas menti au juge, ni aux policiers, ni à la Justice...

Grâce à ce chemin de travers, j'ai beaucoup appris sur moi et fini par comprendre ce que quelqu'un m'a dit un jour : dans la vie, tout n'est qu'une question de choix. Garder ce statut d'éternelle victime ou m'envoler vers un avenir plus radieux, c'est à moi de choisir. N'est-ce pas extraordinaire de réaliser que l'on est, au moins en partie, maître de son destin ? Désormais, je sais, je sens qu'il est possible de se réparer au-delà de l'irréparable.

Point presque final
Voilà, c'est ainsi que ce livre s'achève. Il m'aura fallu six ans. Six longues années pendant lesquelles j'ai épluché ce dossier de vingt-sept tomes et plus de 32 000 pages, travaillé d'arrache-pied, lu quasiment tous les livres sur « mon » affaire, dont certains que je n'aurais jamais cru pouvoir ouvrir. J'ai écrit pendant des heures, des semaines, des mois, fait des tas de ratures, versé des litres et des litres de larmes... Je l'ignorais, l'écriture est énergie, les mots sont thérapeutes, ils m'ont aidé à remonter la pente. Désormais, je ne me vis plus comme victime. En tout cas, de moins en moins.

Ce qui me peine, toutefois, c'est que, aujourd'hui, demain, d'autres le seront à leur tour. Alors j'espère qu'*Au-delà de l'irréparable* leur donnera la force de franchir le pas pour en sortir. Évidemment, c'est plus facile à dire qu'à faire. Je parle d'expérience. Néanmoins, il n'existe pas de tunnel sans bout : la lumière finit toujours par y pénétrer. Et même si la protection des enfants est un combat inlassable, nous n'avons pas d'autre option que de le gagner. Et nous le gagnerons. D'ailleurs, une vague s'est levée depuis peu, il sera difficile de l'arrêter.

« Le fiasco d'Outreau »

Pour gagner, nous avons besoin de la Justice. Or, Outreau sera éternellement synonyme de « désastre », de « fiasco », de « tsunami », de « Tchernobyl », etc. En effet, il n'y a rien de pire qu'un innocent en prison, tout le monde s'accorde là-dessus, moi y compris. Néanmoins, cette affaire fut instrumentalisée et exploitée pour dévaloriser la parole de l'enfant au seul profit de l'agresseur. Sur le plan personnel, je l'ai déjà indiqué, nous, les enfants d'Outreau, fûmes et sommes encore traités de « menteurs », de « mythos », etc. Certes, il n'est pas question de faire le procès des procès. Cependant, à la fin de ce livre, peut-être faut-il s'intéresser aux dérives de la Justice, et pas exclusivement du point de vue des avocats de la défense, qui, je le souligne sans hésitation, furent très habiles à faire taire, occulter ou masquer certaines informations cruciales.

Ainsi, M. Monier, le président à Saint-Omer, reconnaît lui-même ceci lors de son audition par l'Inspection générale des services judiciaires du 20 janvier 2006 :

> Pendant les audiences, il y avait une tension énorme dont certains articles de presse ont bien rendu compte et

notamment les conditions dans lesquelles [nom de l'enfant] a été entendue et qui ont conduit à ce qu'elle se bloque très vite, mettant ainsi un terme à la possibilité de lui demander des précisions.

N'est-ce pas une dérive d'importance que l'agressivité exacerbée des avocats de la défense, parfois à la limite de l'agression verbale, ait empêché une enfant de s'exprimer ? Où est la justice si ne prévaut que la parole des accusés ? Curieusement, cette dérive-là, je ne la trouve quasiment jamais dans les médias et je ne me souviens pas l'avoir lue non plus dans le rapport d'enquête parlementaire déjà cité. D'ailleurs, pourquoi ne pas avoir invité les enfants à s'exprimer devant la commission alors que les acquittés y sont présents ? J'ai douze ans en 2006, mon frère aîné seize, nous pouvons apporter notre contribution à la représentation nationale. Nous aussi avons subi un parcours policier et judiciaire éprouvant, et avons forcément des informations à partager. La présence des avocats de la partie civile ne remplacent pas notre voix. Le prétendre est un prétexte fallacieux. Dans ces conditions, il est facile pour les Paul Bensussan et compagnie de gloser à satiété devant les députés et dans les médias sur la « sacralisation » de la parole de l'enfant. Quelle foutaise !

Même Michel Gasteau, ancien président de Cour d'assises, est choqué par ce qu'il a constaté, ainsi qu'il en témoigne dans *Outreau, l'autre vérité* :

> Dire à un enfant qui commence à déposer « Tu es un menteur », c'est inacceptable. Ça a pourtant été le cas. Qu'on dise ensuite, par un ensemble de questionnement, l'enfant a menti pour telle et telle raison, bien entendu, ça c'est le travail de l'avocat, mais faire faire fermer la bouche de l'enfant en l'impressionnant, c'est tout sauf la justice.

Sacrée sacralisation de la parole de l'enfant. N'est-ce pas, M. Bensussan et consorts ? D'ailleurs, n'appartenait-il pas au président d'établir et faire respecter les règles qui auraient empêché ce genre de dérive ? Surtout qu'à Saint-Omer, je le rappelle, nous étions installés dans le box des accusés.

Ce n'est pas tout. Par exemple, *Le Point* publie courageusement le 19 avril 2007 un article intitulé *Le rapport qui embarrasse*, dont voici le début :

> C'est une note ultraconfidentielle, couverte par le secret médical, qui embarrasse au plus haut point le ministre de la Santé, Philippe Bas. Ce document rédigé par l'Inspection générale des affaires sanitaires et sociales (Igas), remis en février 2007 au ministre, retrace l'historique médical de quatorze des dix-sept enfants cités comme victimes dans le procès d'Outreau. Pour cinq d'entre eux, dont les parents ont été reconnus innocents, l'Igas relève des indices évocateurs d'abus sexuels. Il ne s'agit pas de preuves, mais seulement de signaux d'alerte qui justifient selon l'Inspection d'être pris en compte au nom de la protection de l'enfance. C'est d'ailleurs à ce titre que le ministre de la Santé a adressé copie de ce document hautement confidentiel au médecin responsable de la Protection maternelle et infantile (PMI) du Nord-Pas-de-Calais. Avec pour consigne de veiller de façon attentive à la santé des cinq enfants.
> Pour arriver à ces conclusions gênantes, l'Igas a épluché les dossiers médicaux récupérés auprès des médecins de famille, de l'hôpital et surtout des PMI que le juge Burgaud qui instruisait l'affaire n'avait pas recueillis dans leur totalité. D'où le malaise. Comment, alors que des innocents ont été jetés en prison, que l'on a arraché des enfants à des familles qui n'avaient rien à se reprocher, annoncer maintenant à

l'opinion publique que la justice a tranché sans avoir tous les éléments et que des doutes subsistent ?[33]

C'était déjà délicat en 2007, cela l'est probablement plus encore aujourd'hui avec l'un des avocats de la défense ayant frayé son chemin jusqu'au fauteuil de ministre de la Justice.
L'article se poursuit ainsi :

> « C'est scandaleux ! La justice avait tous les dossiers médicaux », s'emporte Franck Berton, l'un des avocats des acquittés, qui menace de porter plainte pour protéger la réputation de ses clients. Et de dénoncer « une ultime manœuvre pour laisser entendre que la justice ne s'est pas totalement trompée ».

Franck Berton a raison de défendre son travail et ses clients, c'est son rôle. Néanmoins, si l'Igas écrit le contraire de ce qu'il souhaite, est-ce forcément faux ? Peut-être le juge Burgaud n'a-t-il pas pu recueillir tous les dossiers médicaux **dans leur totalité** ? De plus, l'Igas n'est absolument pas concernée par la réhabilitation de la justice, donc pour quelle raison aurait-elle besoin de tenter « une ultime manœuvre », surtout via « une note ultraconfidentielle », c'est-à-dire n'ayant pas vocation à circuler ? Néanmoins, il est bien constaté que, pour cinq enfants, soit deux familles d'acquittés, « l'Igas relève des indices évocateurs d'abus sexuels ». Il ne s'agit pas d'une affaire de réseau de pédophilie, mais ce n'est pas rien non plus. C'est même puni par le Code pénal.

---

33. L'article actuellement en ligne n'est pas signé. Néanmoins, l'un de ses auteurs, le grand reporter Jean-Michel Décugis, s'exprime sur « le déclic » qu'il a eu en 2007, notamment à partir de cette note, dans le film *Outreau, l'autre vérité* (lien de l'article : www.lepoint.fr/societe/le-rapport-qui-embarrasse-19-04-2007-179461_23.php).

L'enquête de l'Igas n'est d'ailleurs pas le seul document à lire provenant d'un service public. Ainsi, l'audition du président Monier par l'Inspection générale des services judiciaires le 20 janvier 2006, déjà citée à plusieurs reprises, est particulièrement instructive :

> Le huis clos avait été demandé par les avocats des parties civiles et M. Monier rappelle qu'il était donc de droit. Par la suite, ces mêmes avocats, lui ont demandé de réinstaurer la publicité, ce qui fut fait par l'intermédiaire d'une retransmission vidéo dans une autre salle pour la presse et le public. Il y avait quand même au moins 50 personnes dans la salle d'audience. M. Monier ajoute que pour la seule audition de [nom de l'enfant], il a fait sortir tous les autres accusés, sauf sa mère et son avocat, et son père qu'il accusait. Son audition s'est donc passée dans un environnement plus calme et l'enfant de 11 ans a dit des choses très émouvantes en évoquant les attouchements du père qu'il a confirmés devant celui-ci en le regardant droit dans les yeux. À ce moment, M. Monier précise que [Y] s'est effondré en larmes en disant « je suis coupable, mais à cette époque je ne savais plus ou j'en étais ». M. Monnier ne l'a pas fait acter, car, à ses yeux, la formule exprimait une mauvaise conscience plutôt qu'une reconnaissance de culpabilité au sens juridique.

Ah d'accord... M. Monnier ne fait rien acter parce qu'il interprète que blablabla... Pourtant, il ajoute plus loin :

> [Y] apparaissait comme un homme détruit ressentant une forte culpabilité. Son avocat est venu voir régulièrement M. Monier pour lui dire que son client était au bord du suicide. Aussi évoquera-t-on surtout à l'audience les agissements qu'il lui était reproché d'avoir commis sur son fils.

De plus, le fils accuse son père déjà dans son audition par la police, et sa déclaration sur les attouchements est sans ambiguïté. C'est inacceptable, mais cela reste « soft » par rapport à ce que nous subissons de notre côté. D'ailleurs, je cite [Y] lors de ma première audition devant le juge Burgaud et raconte ce qu'il nous fait ; c'est nettement plus hard.

Son fils réitère ses propos devant le juge lors de sa première audition en tant que partie civile. Il est même fait mention dans le compte-rendu que l'enfant s'effondre en larmes après avoir répondu à la question si son père lui touche volontairement le zizi : « Il le faisait exprès. » Puis il (se) reprend :

> J'ai peur d'en parler, car je ne veux pas faire de mal à mon père et je ne voudrais pas qu'il ne m'aime plus.
> [...]
> **As-tu parlé de ces choses à quelqu'un ?**
> Non, je ne pouvais pas en parler à l'école, car on se serait moqué de moi. Je n'en ai pas parlé à maman, car, comme j'en avais pas parlé la première fois, je pensais que j'allais me faire « engueuler ».
> [...]
> **Est-ce que tes parents t'ont dit qu'il y avait des choses à ne pas dire ?**
> Non, mais je voudrais que mon grand-père [V] arrête de me dire qu'il ne faut rien dire. Qu'il arrête d'intervenir dans mes affaires qui ne sont pas les siennes. Dimanche dernier, il m'a dit qu'il ne fallait rien dire au juge à part que je voulais revoir mon père et ma mère. Il m'a fait jurer sur la tombe de mamie que je ne devais rien dire, sinon que je voulais revoir mon père et ma mère.

[Y] fera partie des acquittés. Signalons que son fils retirera ses accusations par la suite, mais sa mère écrira :

> [Nom de l'enfant] m'a clairement exprimé qu'il continuait à avoir peur des réactions de son père et qu'il dissimulait la vérité afin d'être tranquille, de façon à pouvoir profiter des choses qui lui sont offertes. Cela me laisse perplexe mais me conforte dans ma position de croire que mon fils est « acheté », ce sentiment étant renforcé par la différence qui est faite entre les enfants.

Continuons la lecture du compte-rendu de cette précieuse audition de M. Monier :

> [W], quant à lui, affirmait n'avoir rien fait. Il existait cependant un certain nombre d'éléments troublants : il précisait que le couple Delay l'avait invité à plusieurs reprises ; il admettait avoir senti le sexe de [nom de l'enfant] ; il n'a pas présenté une seule demande de mise en liberté ; certains de ses courriers laissaient entrevoir qu'il se reconnaissait coupable.

Il fera également partie des acquittés. Il aura toutefois de nouveau affaire à la justice pour des faits d'agression sexuelle et de sévices sur mineur quelques années plus tard. Attention toutefois au risque d'amalgame : ce n'est pas parce qu'on est condamné dans un procès qu'on doit l'être dans un autre, et réciproquement.

Le président de la Cour d'assises de Saint-Omer n'a pas fini de nous instruire :

> M. Monier note toutefois un « petit loupé » dans le dossier. Le fils de [Z], [nom de l'enfant], avait clairement indiqué que son père avait pris son « zizi dans sa bouche ». Or, ces

faits qui auraient été commis en février-mars 2002 ont été totalement omis, la prévention visant la période 1998-1999 correspondant aux faits pour lesquels [Z] était mis en cause par Mme Badaoui, Mme Grenon et M. Delplanque.

« Un petit loupé » ?! Waow ! Comme vous y allez hardiment, président Monier...
[Z] fera partie des acquittés.
Pour conclure, citons la déclaration de Me Pantaloni devant la commission d'enquête parlementaire le 15 mars 2006 :

> Ce qu'a fait une cour, une autre cour peut le défaire. L'appréciation qu'a faite la Cour d'appel de Paris des faits a été différente de celle de la Cour d'assises de Saint-Omer, [...]. Cette décision est définitive. On dira simplement qu'elle s'impose et qu'elle n'appelle pas de commentaire.

Exactement. Les acquittés ont été acquittés. La justice est passée. Point barre. Cependant, il n'est pas dit que, plus de vingt ans après les faits, l'affaire d'Outreau ne connaisse pas d'ultimes rebondissements. Ne serait-ce que parce que les enfants victimes, y compris ceux qui n'ont pas été considérés comme tels à l'époque, sont désormais en âge de parler. Merci d'ailleurs à Camille Kouchner et à toutes celles et ceux qui, en ayant le courage de témoigner, contribuent à l'ouverture de la boîte de Pandore. Il est plus que temps de nettoyer les écuries d'Augias. Ainsi nous atteindrons le but : qu'il n'y ait plus jamais d'affaire d'Outreau, ni de violence et d'agression contre les enfants. Ce n'est plus seulement un rêve. Cela devient réalité, c'est notre responsabilité.

– Fin –

Postface

Vingt ans après.

Jonathan fait le bilan de sa vie, de ses souffrances, de ses difficultés à vivre, mais aussi de ses victoires, de ses rencontres. Il a gagné, il n'a pas été détruit, il a quitté la cité du Renard, il a construit sa vie et triomphé de ses pièges. Bravo Jonathan, tu peux être fier de toi.

Pourtant ce n'était pas facile, c'est à l'âge où on se construit que ses frères et lui ont été atteints dans leur chair, dans leur âme. Quand il a été placé, il n'avait que six ans, ses plus grands frères huit et dix ans et le plus petit quatre ans.

Ils ont dû faire face à trois procès des plus singuliers : ce sont eux qui se sont retrouvés dans le box des accusés ! Symboliquement, cela en dit long sur la société de cette époque. Ce sont eux qui étaient enfermés, douze enfants, et deux avocats en dessous, pas dans le box, pas à côté d'eux, douze enfants qui là encore se retrouvaient seuls contre tous. Comment une cour d'assises aussi ritualisée a-t-elle pu laisser faire, comment n'a-elle pas compris l'impact d'une telle place et l'inversion continue de la place des enfants, les adultes sur les bancs du public avec dix-neuf avocats à côté d'eux et libres, mêlés à la foule, donnant un signal fort de normalité des accusés et d'anormalité des enfants, qui restera dans l'inconscient de chacun.

Ce n'est pas la seule anomalie du dossier : les douze enfants ont été reconnus comme victimes alors que les auteurs qu'ils désignaient (ce que bon nombre d'accusés corroboraient à l'instruction s'accusant les uns les autres) ont été pour la plupart innocentés. Victimes de personne ou presque…

Il est vrai qu'un procureur général est venu donner son opinion alors même que le jury n'avait pas rendu son verdict, ce qui est une faute professionnelle. Pourquoi un haut magistrat a-t-il pris un tel risque ?

Pourquoi avoir donné en pâture aux médias un juge d'instruction qui n'avait nullement démérité et que, par ailleurs, on avait distingué en le nommant au prestigieux poste de juge d'instruction à l'antiterrorisme pour finalement le sanctionner ?

Pourquoi le président de la République de l'époque, Jacques Chirac, a-t-il reçu les innocentés ? Était-ce son rôle ? Pensait-il que cela donnerait un message fort aux enfants ? Voulait-il décourager toute velléité de se plaindre aux futures victimes ?

L'affaire Dutroux a voulu péniblement montrer qu'il n'y avait pas de réseaux de pédocriminalité, celle d'Outreau a montré que les enfants sont des menteurs, mais peuvent être en même temps victimes – comprenne qui pourra –, celle d'Angers que si réseau il y avait, cela se passait entre gens du quart monde (en oubliant les « cagoulés »).

Michel Gasteau, éminent collègue président d'assises, attribue à Camille Kouchner le mérite de faire redécouvrir aux Français que le viol d'enfants peut aussi se commettre dans des familles de notables. D'autres ont courageusement suivi, comme Coline Berry ou Bruno Questel s'agissant d'inceste, mais dès qu'il s'agissait de réseaux, à part al Quaïda qui veut précisément dire réseau (!), il y avait bloc entre tous les intervenants – on classe, on commet des imprudences, on est dans le déni.

Mais Jeffrey Epstein – fort relié à la France par son adresse 22, avenue Foch à Paris par Ghislaine Maxwell et Jean-Luc Brunel – était à la tête d'un vrai réseau de pédocriminalité dans lequel sont impliqués des grands de ce monde, des stars, des politiques, des industriels, des décideurs, des avocats, des magistrats, des médecins, qu'il faisait chanter. C'est une grande révélation, cela implique l'existence internationale de réseaux, la dépravation de ceux que l'on avait tendance à aimer, à admirer, à respecter, et cela change complètement la donne. On s'aperçoit dès lors que beaucoup de disparitions d'enfants s'expliquent, qu'il existe beaucoup beaucoup de Jonathan. Combien s'en sortent, combien sont sacrifiés, incapables de réagir, de se relever, brisés ou morts. Celui-là a eu beaucoup de courage, il nous livre sa vie en guise de catharsis et on souffre avec lui.

Martine Bouillon
Ancien vice-procureur

Remerciements

À la fin de ce livre, je tiens à remercier tous ceux qui, depuis le début ou en cours de chemin, m'ont toujours cru, soutenu et, par la suite, ont souvent été là pour m'aider, parfois au détriment de leur vie de famille et malgré les risques encourus, ne cessant jamais de croire en moi.
Mes frères, que j'aime profondément, au-delà de ce que la vie nous a apporté.
Christian, le papa que je n'ai jamais eu, un homme de conviction et de courage, qui sut me tendre la main et me faire confiance, avec qui j'ai passé quatre ans de ma vie, merci mille fois et plus pour tout ce que tu m'as donné.
Mes proches amies : Cathy, son compagnon Stéphane, et ses enfants Juliette et Victor. Stéphanie et son compagnon François. Béatrice et sa fille Violette, Fred, Amarilys, Sarah et son compagnon Guillot, Eddy, Angelina et ses enfants Christopher et Félix.
À ma meilleure amie Brenda, vingt-trois ans d'amitié des plus sincères.
À Liliane Polleti, Mickael et Kevin Muller, à toi, mon frère Sullivan, tu aurais été tellement fier de moi.
J'aimerais aussi remercier toutes les associations et les militants qui se battent tous les jours pour offrir aux enfants un monde meilleur. Homayra Sellier, présidente d'Innocence en danger, Jacques Cuvillier, Jacques Delivré, Sylvie Castro, auteure de trois livres poignants sur les institutions et la maltraitance des enfants, Jacques Thomet, auteur de *Retour à Outreau. Contre-enquête sur une manipulation pédocriminelle*, Khadidja, Gladys, Lili, Samia Nawel, Lucie que je remercie aussi pour leur soutien, leur force, leur confiance et leur intégrité.

Je remercie les médecins, les psychologues, les psychiatres, les citoyens et les citoyennes qui trouvent le courage de dénoncer malgré les pressions qui peuvent peser sur eux, dont Hélène Romano, Muriel Salmona, Marie Christine Gryson, Gérard Lopez et d'autres.

Vous faites tous partie de ceux qui m'ont toujours cru et fait confiance, qui m'ont apporté leur soutien quel qu'il soit, qui m'ont ouvert leur porte et, surtout, m'ont apporté du bonheur. Je ne peux, malheureusement, citer tous le monde, mais sachez que je n'oublierai jamais tout ce que vous avez fait pour moi.

J'ai aussi une pensée particulière pour le juge Fabrice Burgaud, pour votre travail accompli et de nous avoir toujours soutenus, avec les risques et les conséquences parfois terribles pour vous, mais vous n'avez jamais baissé les bras, je vous en remercie.

Et aussi Michel Gasteau pour la préface et Martine Bouillon pour la postface.

Patrick, mon éditeur, pour notre confiance mutuelle et qui a su m'accompagner pour que ce projet voit le jour.

Remerciements de l'éditeur à David Libeskind, avocat au barreau de Paris.

Table des matières

Préface — 5

Prologue — 7

Chapitre 1
La vie à la maison — 9

Chapitre 2
En famille d'accueil — 19

Chapitre 3
Le temps des visites — 23

Chapitre 4
Le temps des révélations — 29

Chapitre 5
Après l'arrestation de mes parents — 41

Chapitre 6
Sur les traces de la petite fille belge — 49

Chapitre 7
Le procès de Saint-Omer — 57

Chapitre 8
Le procès en appel de Paris — 77

Chapitre 9
Une nouvelle famille d'accueil — 87

Chapitre 10
En « foyer » 93

Chapitre 11
En psychiatrie 115

Chapitre 12
Retour à la rue 121

Chapitre 13
Le procès de Rennes 143

Chapitre 14
Épilogue inachevé 153

Postface 168

Remerciements 171

www.ingramcontent.com/pod-product-compliance
Lightning Source LLC
Chambersburg PA
CBHW030038100526
44590CB00011B/251